Laura Holdack & Elfrun Otterbach

MIT LIEBLINGSSACHEN DURCH DAS JAHR

Basteln für und mit Kindern

Haupt
GESTALTEN

Laura Holdack & Elfrun Otterbach

MIT LIEBLINGSSACHEN DURCH DAS JAHR

Basteln für und mit Kindern

Fotos von Anne Deppe

Haupt Verlag
Bern · Stuttgart · Wien

für Olga, Selma & Tilda

DIE AUTORINNEN

Elfrun Otterbach, geboren und aufgewachsen in Berlin, bastelt seit über sieben Jahren für ihre Tochter Olga. Sie ist selbständig im Bereich Büroorganisation tätig und braucht als Ausgleich zur Schreibtischarbeit das Gestalten, wo sie Kreativität und handwerkliches Geschick ausleben kann.

Laura Holdack hat ihre Leidenschaft zum Beruf gemacht. Den Schwerpunkt hat die Kommunikationsdesignerin im Layout, sie liebte aber schon immer das Basteln, wo sie ihrer Detailverliebtheit ausgiebig nachgehen kann. Begeisterte und manchmal kritische Endabnehmerinnen sind ihre Töchter Selma und Tilda.

Von den Autorinnen ist zuletzt »Lieblingssachen für Kinder – 50 Ideen zum Selbermachen« im Haupt Verlag erschienen.

ALLE PROJEKTE AUF EINEN BLICK

WERKZEUGE, MATERIALIEN & TECHNIKEN

In den Projektanleitungen wird mit Kursivschrift auf die im Folgenden erläuterten Werkzeuge, Materialien und Techniken verwiesen.

WERKZEUGE

CUTTER

Der Cutter ist ein Schneidemesser mit abbrechbaren Klingen, das sich besonders gut für längere, gerade Schnitte von Papier, Karton, Filz, Folien u.Ä. eignet. Beim Kauf eines Cutters sollte man darauf achten, dass das Messer eine Schraubarretierung hat. Nützliche Utensilien für den Umgang mit dem Cutter sind eine Schneidematte sowie ein Alulineal.

HANDBOHRER

Mit dem Handbohrer lassen sich besonders dünne Materialen vorbohren bzw. lochen, bei stärkerem Holz sollte eine Bohrmaschine verwendet werden.

LAUBSÄGE

Die Laubsäge eignet sich zum kurvigen Aussägen aus dünnen Spanplatten. Da der Verschleiß von Sägeblättern gerade bei Anfängerinnen und Anfängern erhöht ist, sollten immer genügend davon vorrätig sein.

LOCHZANGE/ÖSENZANGE

Mit der Lochzange kann man unterschiedlich große Löcher in Leder, Stoff, Pappe u. Ä. stanzen. Man verwendet sie häufig, wenn man anschließend Ösen einsetzen möchte. Je nach Größe der Öse bzw. des gewünschten Lochs wählt man eine entsprechende Lochpfeife aus, setzt dann die Öse in das Loch und fixiert sie mit der Ösenzange.

NÄHMASCHINE

Die vorgestellten Näharbeiten können auch von Anfängerinnen und Anfängern an der Nähmaschine angefertigt werden. Wer die Mühe nicht scheut und keine Nähmaschine hat, kann die meisten Lieblingssachen auch von Hand nähen.

PINSEL

Den Pinsel benötigt man für alle Mal- und Lackierarbeiten. Je nach Motiv oder zu bearbeitender Fläche wird die Arbeit mit einem Haar- oder Borstenpinsel ausgeführt. Bei größeren Flächen eignet sich oftmals eine Lackrolle.

SÄGE

Je nach zu bearbeitendem Material wird für einige Projekte eine Laubsäge, Stichsäge, Puksäge oder ein Fuchsschwanz benötigt. Unsere Empfehlungen sind den Anleitungstexten zu entnehmen.

SCHRAUBENZIEHER

Anstelle des Schraubenziehers kann wahlweise auch ein Akkuschrauber verwendet werden – je nach Größe des Aufwands und Dicke des Holzes.

STOFFSCHERE

Wer mit Stoff arbeitet, sollte für saubere und akkurate Schnitte eine gute Stoffschere parat haben. Notfalls kann auch eine Haushaltsschere benutzt werden, jedoch sollten mit der Stoffschere keine anderen Materialien geschnitten werden, da diese sonst stumpf wird.

VORLAGEN

Die für die Projekte benötigten Vorlagen sind ab Seite 112 zu finden. Um die Vorlage zu übertragen, paust man sie auf Transparentpapier durch und schneidet sie aus. Ist das Motiv nicht in 100 % dargestellt, muss es vorher entsprechend vergrößert werden. Möchte man eine Schablone anfertigen, überträgt man die Vorlage für eine bessere Haltbarkeit nochmals auf Pappe.

Schnittmuster werden mit einigen Stecknadeln auf die linke Seite des Stoffes gesteckt und mit Schneiderkreide nachgezeichnet. Bei symmetrischen Formen muss die mit Stoffbruch beschriftete Kante genau auf den Stoffbruch (Kante, an der der Stoff gefaltet wird) gelegt werden. Anschließend wird der Stoff mit einer Nahtzugabe von 1–1,5 cm zugeschnitten. Arbeitet man zur Umsäumung mit Schrägband, so entfällt die Nahtzugabe.

ZICKZACKSCHERE

Mit der Zickzackschere können Zickzackmuster in Stoff oder Papier geschnitten werden. Sie eignet sich zudem zum Versäubern von Stoffen, sodass diese nicht ausfransen.

MATERIALIEN

ACRYLBASTELFARBE

Acrylbastelfarbe hat die gleichen Eigenschaften wie Acryllack (siehe unten). Sie ist jedoch in kleinen Mengen und unzähligen Farbtönen erhältlich. Es gibt Acrylbastelfarbe zudem glänzend, matt, metallic oder auch mit Marmoreffekt.

ACRYLLACK

Acryllack ist wasserlöslich und mischbar. Er ist angenehm in der Handhabung, da er relativ geruchsneutral ist und Pinsel und Materialien mit Wasser auswaschbar sind. Für eine bessere Deckkraft und Haftbarkeit empfiehlt es sich, das Objekt vor dem Lackieren mit Vorstreichfarbe zu behandeln.

AUFHÄNGUNG

Es gibt unterschiedliche Möglichkeiten, die Lieblingssachen aufzuhängen. In den Anleitungstexten wird keine Aufhängungsart empfohlen, da diese je nach Untergrund, Material und gewünschter Flexibilität variiert. Für schwere Gegenstände eignen sich Bildaufhänger zum Annageln, für leichte Gegenstände selbstklebende Kunststoffaufhänger. Vieles kann man direkt in die Wand schrauben oder mit Powerstrips befestigen.

DOPPELKLEBEBAND

Doppelklebeband ist sehr praktisch, wenn besonders starkes Papier geklebt werden soll. Es ist in verschiedenen Breiten erhältlich. Man muss jedoch beachten, dass Doppelklebeband sehr schwer ablösbar ist.

EINBRENNLACK

Mit Einbrennlack lassen sich Glas, Porzellan und Keramik dauerhaft bemalen. Nach Auftragen des Lackes wird dieser nach Herstelleranleitung im Backofen eingebrannt.

KLEBER

Die zu klebenden Lieblingssachen lassen sich entweder mit Alleskleber, Klebestift, Doppelklebeband, Textilkleber oder Kleister verarbeiten. Unsere jeweilige Empfehlung befindet sich im Anleitungstext.

KLEISTER

Kleister eignet sich ideal zum An- und Aufbringen von Papiermotiven auf fast jedem Untergrund. Im Gegensatz zu anderen Klebern bleibt das Papier durch den Kleister gut formbar.

SCHULTAFELLACK

Mithilfe von Schultafellack lassen sich auf einfache Art und Weise außergewöhnliche Tafeln auf nahezu jedem Untergrund selbst herstellen. Der Schultafellack ist in unterschiedlichen Farben erhältlich, die Klassiker sind jedoch grün und schwarz.

SPRÜHKLEBER

Mit Sprühkleber kann man akkurat, großflächig und gleichmäßig Papier und Pappe kleben. Es gibt Sprühkleber für dauerhafte oder korrigierbare Verklebungen und Sprühkleber, die wieder ablösbar sind. Da er sehr geruchsintensiv ist, sollte man ihn möglichst im Freien verwenden.

TECHNIKEN

HEFTSTICH
Mit dem Heftstich werden die Stoffteile durch Vorstiche provisorisch zusammengehalten, bevor sie mit der Maschine gesteppt werden.

LACKIEREN
Sollten sich die Lackierarbeiten über mehrere Stunden oder Tage hinziehen, kann man sich das Auswaschen sparen, indem man den Pinsel bzw. die Rolle in Lack taucht und dann in Frischhaltefolie oder einer Plastiktüte luftdicht einwickelt.

SAUM/SÄUMEN
Ein Saum ist eine doppelt eingeschlagene Kante, die erst gebügelt und dann gesteppt wird, um saubere Abschlüsse zu erhalten und das Ausfransen zu verhindern. Für den Saum sollte eine Saumzugabe von mindestens 2 cm einberechnet werden.

SCHLAUCH HERSTELLEN
Wenn man Schläuche näht, gibt es verschiedene Arten des Wendens von links auf rechts: Entweder man befestigt eine Sicherheitsnadel an einem Ende des Schlauches und fädelt diese dann durch den Schlauch oder man nimmt einen Wender zu Hilfe. In vielen Fällen ist ein langstieliger Kochlöffel schon ausreichend.

SCHRÄGBAND HERSTELLEN
Schrägband benötigt man zum Einfassen von Stoffkanten. Es ist in verschiedenen Breiten, Farben und Ausführungen erhältlich. Man kann Schrägband auch leicht selbst herstellen, indem man einen ca. 4 cm breiten Stoffstreifen in einem Winkel von 45 Grad zur Webkante zuschneidet und mittig längs faltet, dann die beiden Längsseiten zur Mitte einschlägt und abschließend die Kanten bügelt.

SERVIETTENTECHNIK
Mit der Serviettentechnik kann man unterschiedlichste Materialien und Formen mit einzelnen oder großflächigen Serviettenmotiven verzieren. Man schneidet sich das gewünschte Motiv aus der Serviette aus und zieht die oberste Lage ab. Diese wird auf den Gegenstand aufgelegt und mithilfe eines Borstenpinsels mit Klarlack vorsichtig bestrichen. Hierbei sollte von innen nach außen und möglichst nur ein- bis zweimal über jede Stelle gestrichen werden. Nach dem Trocknen wird die verzierte Stelle erneut lackiert.

SPRENKELTECHNIK
Mit der Sprenkeltechnik lassen sich Motive mithilfe von Schablonen übertragen bzw. aussparen; man kann sie auch benutzen, um verschiedene Untergründe zu gestalten. Man benötigt eine Zahnbürste, ein kleines feinmaschiges Sieb und Wassermalfarbe oder Acrylbastelfarbe. Die Schablone wird auf den Untergrund gelegt (eventuell mit wiederablösbarem Sprühkleber leicht fixiert) und dann besprenkelt. Hierfür wird die in Farbe getauchte

Zahnbürste an dem Sieb abgestrichen, sodass sich um die Schablone herum dichte Sprenkel abzeichnen. Je näher man mit dem Sieb an der Schablone ist, desto dichter werden die Sprenkel.

STEMPEL

Um einen **wiederverwendbaren Stempel** anzufertigen, beklebt man ein ausreichend großes Stück Moosgummi rückseitig mit Doppelklebeband. Auf die Vorderseite wird ein Motiv aufgezeichnet und anschließend ausgeschnitten. Das Motiv wird nun auf ein passendes Stück MDF-Holzplatte aufgeklebt. Gestempelt werden kann je nach Untergrund mit einem klassischen Stempelkissen oder aber auch mit Wasserfarben oder Acrylbastelfarben.

Um eine **Stempelrolle** anzufertigen, wird ein ausreichend großes Stück Moosgummi rückseitig mit Doppelklebeband beklebt; auf die Vorderseite werden einige Motive aufgezeichnet und ausgeschnitten. Die Motive werden nun rundherum auf ein großes rundes Einmachglas oder eine Blechdose geklebt. Mit einer Lackrolle wird anschließend eine kleine Menge Acrylbastelfarbe auf einen geraden Untergrund (zum Beispiel eine aufgeschnittene Milchtüte) aufgetragen. Die Stempelrolle wird so durch die Farbe gerollt, dass alle Motive gleichmäßig und dünn bestrichen werden.

Für einmalige Stempel eignet sich der **Kartoffelstempel**. Um diesen anzufertigen, wird eine Kartoffel halbiert und das gewünschte Motiv auf die Schnittfläche vorgezeichnet. Anschließend werden vorsichtig mit dem Messer die überflüssigen Ränder weggeschnitten, sodass nur die Fläche stehen bleibt, die am Ende gestempelt werden soll.

STEPPSTICH

Der Steppstich ist der gewöhnliche Nähmaschinenstich, bei dem Ober- und Unterseite der Naht gleich aussehen.

STOFFMALTECHNIKEN

Es gibt eine Vielzahl von Möglichkeiten, Stoffe zu bemalen oder zu beschriften.
Mit Transfer-Bügelbuchstaben lassen sich einfach Namen und Zahlen auf Stoff bügeln. Für die freiere Gestaltung von Stoffen eignen sich Stoffmalstifte und auch Stoffmalfarbe, mit der sich unter anderem Stempelmotive (siehe Stempel) auf Textilien übertragen lassen.
Eine etwas aufwendigere Technik ist der Bügeltransferdruck, bei dem mithilfe von Scanner, Drucker und Computer das gewünschte Motiv (zum Beispiel eine Kinderzeichnung) auf Bügeltransferfolie gedruckt und anschließend auf den Stoff gebügelt wird.

ZICKZACKSTICH

Der Zickzackstich wird eingesetzt, um Stoffe und Kanten vor dem Ausfransen zu bewahren. Er eignet sich auch gut für Ziernähte.

Mit folgenden Symbolen wird bei den Projekten auf die benötigten Werkzeuge und Utensilien hingewiesen:

Stifte

Pinsel

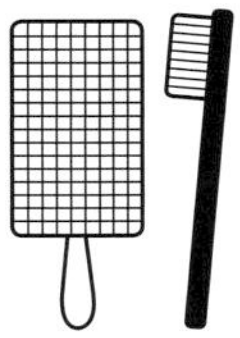
Sieb & Zahnbürste

Lineal

Falzbein

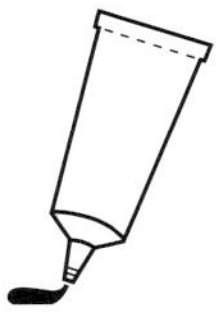
Kleber/Kleister

Sprühkleber

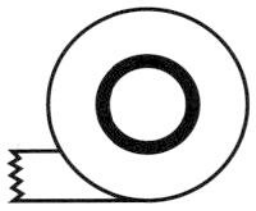
Klebeband

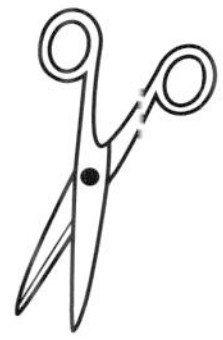
Schere

Cutter

Locher

Tacker

Bastelzange

Computer/Drucker

Küchenmesser

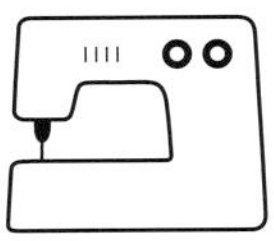
Nähmaschine

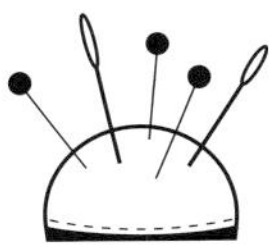
Nadel & Faden

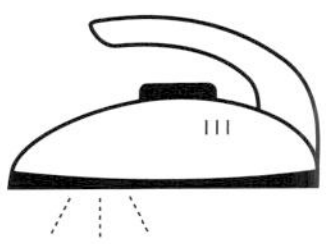
Bügeleisen

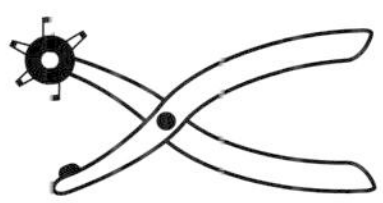
Lochzange

Handbohrer

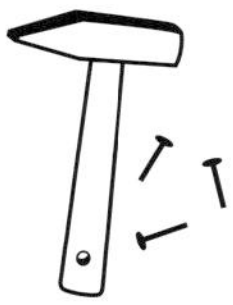
Hammer

Schraubenzieher

Säge

1

Der Frühling ist da!

Immer wieder kommt ein neuer Frühling,
immer wieder kommt ein neuer März.
Immer wieder bringt er neue Blumen,
immer wieder Licht in unser Herz.

Rolf Zuckowski

Material

Pappe oder Karton, Holzstäbchen

OSTERPIEKER

1 Male unterschiedliche Motive mit dicken Filzstiften auf den Karton.

2 Nun schneidest du die Motive großzügig mit der Schere aus. Achte darauf, dass das Kärtchen eine schöne Gesamtform bekommt.

3 Die fertigen Kärtchen werden abschließend mit Klebeband auf die Holzstäbchen geklebt. Alternativ kann auch jedes Motiv doppelt angefertigt und das Holzstäbchen beim Zusammenkleben dazwischengelegt werden. Hierfür solltest du Papierkleber verwenden.

TIPP Die Holzstäbchen sehen schöner aus, wenn sie vorher mit einer passenden Farbe *lackiert* werden.

3

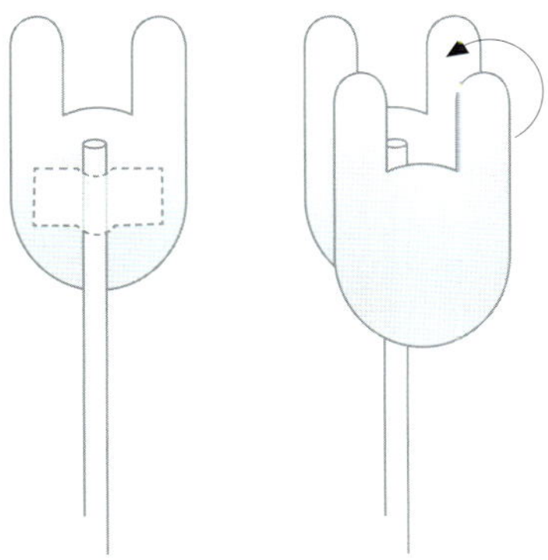

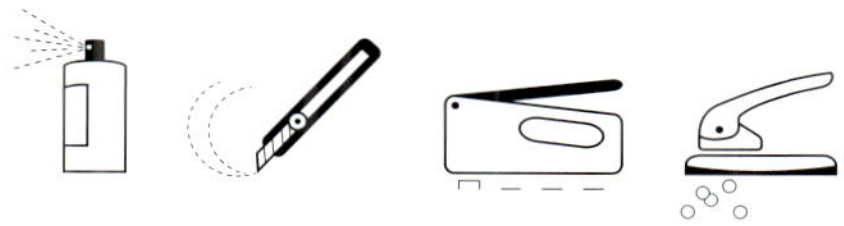

Material

unterschiedliche Papiere (z. B. Magazinseiten, Kinderzeichnungen, Notenblätter, Geschenkpapier), Bindfaden

OSTERSCHMUCK

1 Klebe jeweils zwei verschiedene Papiere rückseitig mit *Sprühkleber* aufeinander und lasse sie trocknen.

2 Nun schneide aus den verschiedenen Papierkombinationen mit dem *Cutter* Streifen mit den Maßen 2 x 25 cm.

3 Für die Tropfen nimmst du drei Papierstreifen und legst diese so ineinander, dass drei unterschiedlich große Schlaufen entstehen. Die Papierstreifen werden oben auf eine Länge gekürzt und zweimal getackert.

4 Für die Ballonform legst du fünf bis acht Papierstreifen so ineinander, dass unterschiedlich große Wölbungen entstehen. Die Papierstreifen werden oben und unten auf eine Länge gekürzt und jeweils zweimal getackert.

5 Die fertigen Anhänger werden oben zwischen den Tackernadeln gelocht und mit einem Bindfaden versehen.

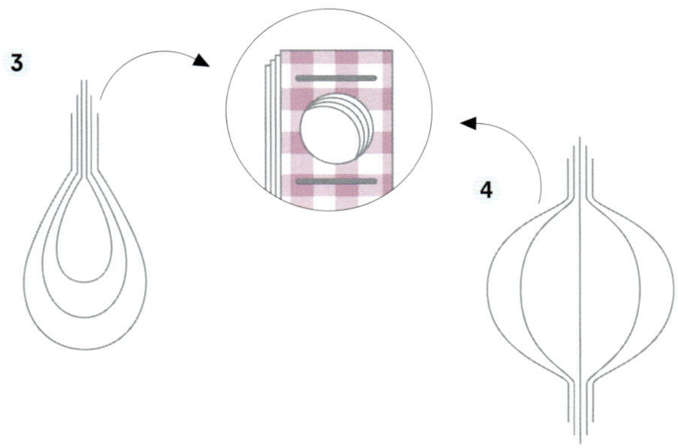

Material

Eier, Holzstäbchen, Acrylbastelfarbe, Klarlack, Servietten, Glitter, Federn, Knöpfe, Borten etc.

OSTEREIER

1 Um die Eier auszupusten, werden sie oben und unten mit einer Nadel eingepiekst. Dabei sollte das obere Loch etwas größer sein, damit sich das Ei leichter auspusten lässt.

2 Spüle die Eier nach dem Auspusten mit ein bisschen Wasser aus.

3 Nun steckst du sie auf Holzstäbchen und beginnst mit dem Verzieren: Nach Belieben können die Eier mit *Acrylbastelfarbe* bemalt, mit *Serviettentechnik* verschönert und mit Borten, Knöpfen, Federn und Glitter beklebt werden.

4 Zum Aufhängen der Eier brichst du ein kleines Stück des Holzstäbchens ab und verknotest ein Stück Bindfaden daran. Stecke dieses Stäbchen nun in das obere Loch, sodass es sich im Ei verkantet.

4

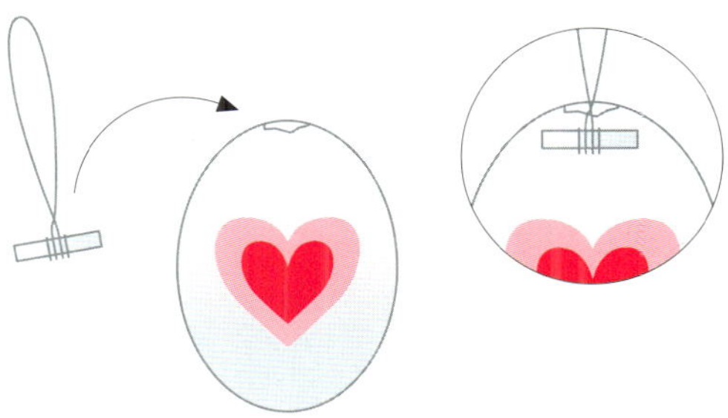

OSTERKÖRBCHEN

Material
Tortenspitze aus Papier, Kleister, Acrylbastelfarbe, Luftballon

1 Rühre eine kleine Menge *Kleister* an.

2 Puste nun einen kleinen Luftballon auf.

3 Jetzt schneidest du runde Tortenspitze in kleine Tortenstücke oder rechteckige Tortenspitze in schmale Streifen.

4 Die Tortenspitzenstreifen werden mit *Kleister* bestrichen und auf das untere Drittel des Luftballons gekleistert.

TIPP Um die löchrige Struktur der Tortenspitze zu erhalten, sollten maximal drei Lagen übereinandergekleistert werden. Zwei bis drei Lagen sind allerdings notwendig, um dem Körbchen die nötige Stabilität zu verleihen.

5 Am besten lässt du das Körbchen über Nacht trocknen, bevor du es nach deinen Wünschen bemalst.

6 Um den Ballon von dem Körbchen zu lösen, lässt du diesen platzen.

TIPP Schönes Ostergras lässt sich aus alten Zeitschriften machen: Achte hierbei auf freundliche, helle Farben! Entweder werden diese geschreddert oder mit einem *Cutter* in schmale Streifen geschnitten.

4

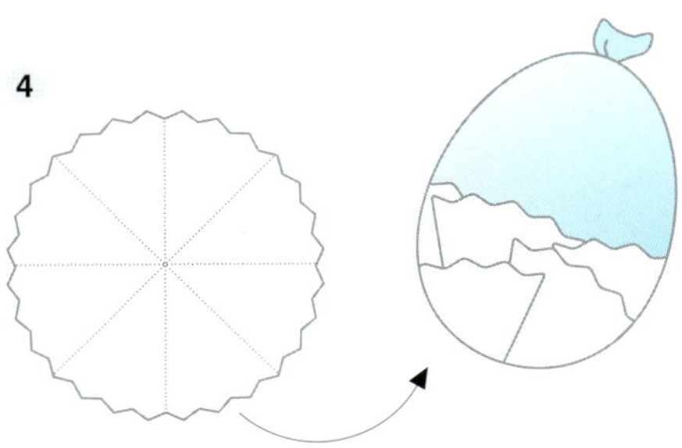

2

Endlich Geburtstag

Happy Birthday to you,
Marmelade im Schuh,
Aprikose in der Hose,
Happy Birthday to you!

Reh & Hase

feiern mit!

Liam

NAMENSSCHILDER

M Fotokarton,
Stoffreste

1 Schneide die gewünschte Anzahl Kärtchen auf die Maße 10 x 10 cm zu und falze diese in der Mitte.

2 Nun schneidest du mit einer *Zickzackschere* Stoffstücke auf die Maße 9 x 4 cm zu.

3 Die Stoffstücke können entweder auf die Namenskärtchen aufgeklebt oder mit zwei Nähten auf den Karton genäht werden.

4 Zum Schluss werden die Kärtchen mit den Namen der Kinder beschriftet.

3

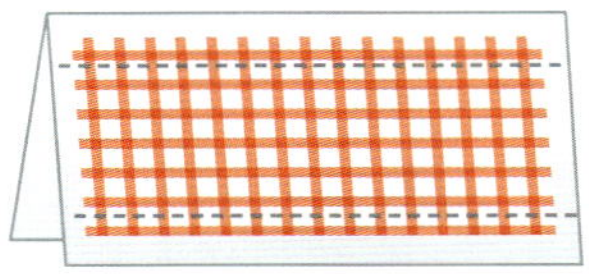

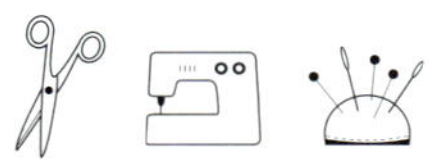

GEBURTSTAGSORDEN

M unterschiedlich große Gläser, Stoffreste, Bänder, Perle, Broschennadel

1 Zeichne mithilfe von Gläsern drei unterschiedlich große Kreise auf verschiedene Stoffe und schneide diese mit einer *Zickzackschere* aus.

2 Nun legst du die Kreise der Größe nach aufeinander und nähst mit der *Nähmaschine* mehrmals quer darüber, indem du die Stoffe etwas zusammenraffst, sodass sie leichte Falten schlagen.

3 Mit einigen Stichen nähst du eine Perle auf und hinten befestigst du zwei Bänder so, dass diese mit beiden Enden nach unten hängen.

4 Abschließend wird die Broschennadel mit ein paar Stichen auf der Rückseite angenäht.

2

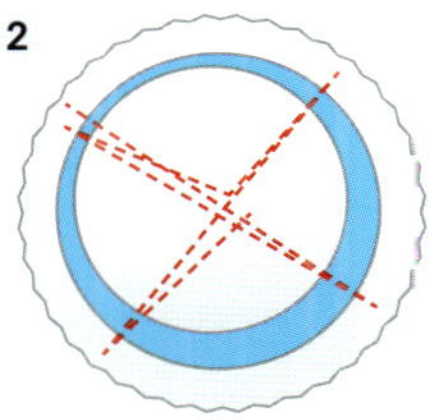

3

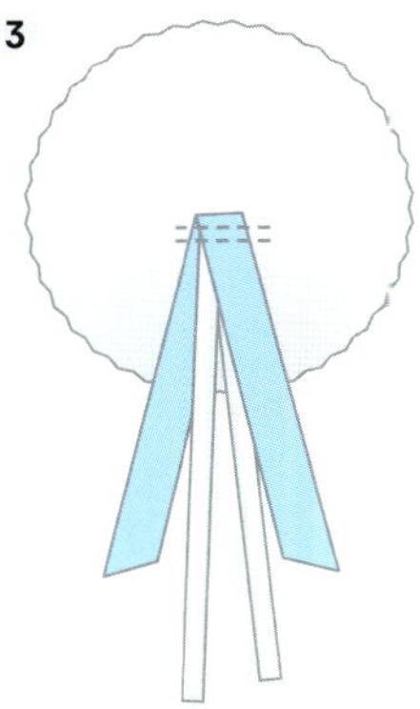

WIMPELGIRLANDE

M unterschiedliche Stoffe,
Schrägband

1 Übertrage die *Vorlage* von Seite 120 in gewünschter Anzahl auf die unterschiedlichen Stoffe und schneide diese mit der *Zickzackschere* aus.

2 Ordne die Wimpel nun in beliebiger Reihenfolge an und hefte sie mit einigen Stecknadeln im *Schrägband* fest.

3 Mit der *Nähmaschine* wird nun eine Naht über das *Schrägband gesteppt*, sodass eine Girlande entsteht.

TIPP Das *Schrägband* sollte so lang sein, dass an den beiden Enden ausreichend Band zur Befestigung übrig bleibt.

3

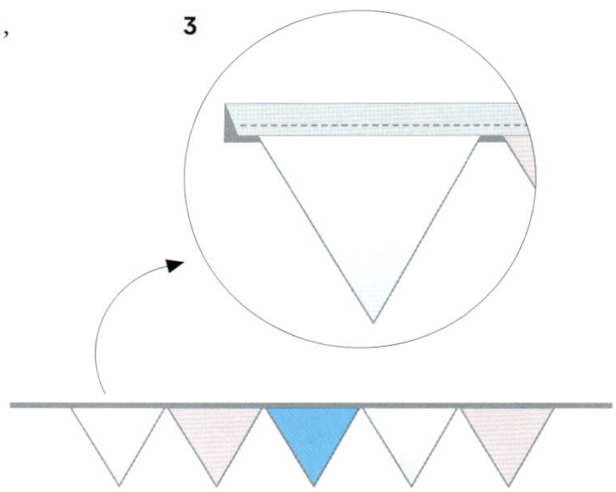

TISCHDEKO Sammle und presse ein paar schöne Herbstblätter, male eventuell ein paar von ihnen an und lege sie auf den Geburtstagstisch. Einige Tannenzapfen oder Kastanien auf dem Tisch verteilt, und fertig ist eine zauberhafte Kulisse für Rehe, Hirsche und Wildschweine (hier von Schleich), die sich um die Teller und Gläser scharen und den Kindern beim Kuchenessen Gesellschaft leisten. Gesprächsstoff garantiert!

GEBURTSTAGSTÜTCHEN

M Butterbrottüten, Kartoffel, Acrylbastelfarbe, Stoffreste

1 Um einen *Kartoffelstempel* anzufertigen, halbierst du eine Kartoffel und zeichnest die gewünschten Pfotenabdrücke von Seite 113 auf der Schnittfläche vor.

2 Nun schneidest du vorsichtig mit dem Messer die überflüssigen Ränder weg, sodass nur die Fläche stehen bleibt, die am Ende gestempelt werden soll.

3 Sollte die Kartoffel sehr feucht sein, tupfst du sie trocken, bevor du die Farbe auf die Stempelfläche aufträgst.

TIPP Probiere ein bisschen aus, wie es sich für dich am besten stempeln lässt. In der Regel gilt: Die Farbe lieber dünn auftragen, da sonst das Motiv verläuft.

4 Nun kannst du die Butterbrottüten mit einer Pfotenspur bestempeln; abschließend bindest du die Tütchen mit einem gerissenen Stoffstreifen zu.

1

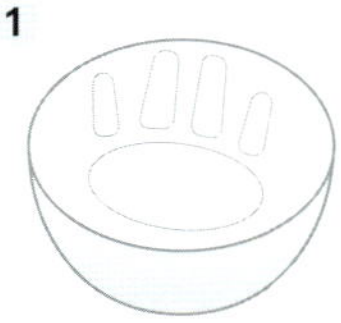

2

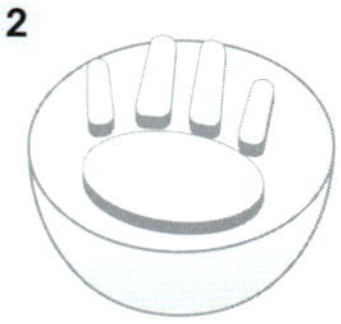

BONUSKARTE BAUM

Fotokarton in zwei Farben, Stoffreste, Band, Aufkleber oder Stempel, Ösen

Eine tolle Alternative zum ständigen Süßigkeitenverteilen sind die Bonuskärtchen: Die Kinder bekommen nach jedem Spiel einen Aufkleber oder *Stempel* auf ihr Kärtchen, das am Ende der Feier gegen ein kleines Tütchen mit Überraschungen eingelöst wird.

1 Übertrage die Baum- und Zweig*vorlage* von Seite 113 in gewünschter Anzahl auf die unterschiedlichen Fotokartons und schneide diese aus.

2 Die Zweige werden nun auf den Baum geklebt und der Stamm mit einem passenden Stück Stoff beklebt.

3 Am oberen Ende des Baumes machst du ein Loch und befestigst ein Band, mit dem die Karte von den Kindern umgehängt werden kann.

TIPP Besonders schön sieht es aus, wenn das Loch mit einer Öse versehen wird!

OLGA
LUDWIG

Willkommen zum *Piraten-fest!*

PIRATENKUCHEN

M Kastenkuchen, Schokoladenglasur, weiße Schokolade, Süßigkeiten

1 Schneide den Kuchen im oberen Drittel der Länge nach auf.

2 Nun bereitest du die Schokoladenglasur nach Backanleitung zu, überziehst beide Kuchenteile ganzflächig und lässt diese abkühlen.

TIPP Damit die Glasur schön glatt wird, kann der Kuchen vor dem Überziehen mit Ganache eingestrichen werden. Hierfür werden Sahne und geschmolzene Schokolade im Verhältnis 1:1 vermischt.

3 Anschließend wird die weiße Schokolade geschmolzen und zum Verzieren der Kuchenteile verwendet. Mit Schokolinsen wird der Truhenbeschlag abgerundet.

4 Die Schatzkiste wird so mit Süßigkeiten gefüllt, dass diese vorne herausquellen und abschließend mit dem Deckel geschlossen.

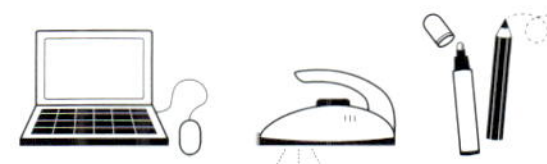

EINLADUNGEN

M Papier im Format DIN A5, alte Knöpfe, Stoffreste, Feuerzeug

1 Bedrucke oder beschreibe das Papier mit dem Einladungstext für jeden Gast.

2 Nun soll das Papier auf „alt“ gemacht werden: Dafür kannst du es zum Beispiel zerknittern und mit Erde einreiben. Anschließend glättest du es mit dem Bügeleisen.

3 Die Ränder werden nun mit einem Feuerzeug vorsichtig angesengt.

ACHTUNG Kinder dürfen niemals unbeaufsichtigt mit Feuer oder mit dem Bügeleisen arbeiten.

4 Zum Schluss rollst du die Einladungen zusammen und verknotest die Rolle mit einem Stoffstreifen, an dem du einen alten Knopf befestigst.

NAMENSSCHIFFCHEN

M Ast, 7 cm pro Schiff, Fotokarton, Holzstäbchen

1 Säge den Ast in 7 cm lange Stücke und bohre mit dem *Handbohrer* oben ein kleines Loch hinein.

2 Nun steckst du die auf 10 cm gekürzten Holzstäbchen in das Loch im Ast.

3 Übertrage das Segel von Seite 114 in gewünschter Anzahl auf den Fotokarton, schneide die Segel aus und stecke sie nach dem Beschriften auf die Holzstäbchen.

PIRATENWIMPEL

M fester Stoff, 42 x 18 cm, Stoffrest, Rundstab, 50 cm

1 Übertrage das Dreieck von Seite 115 auf den doppelt gelegten festen Stoff und achte darauf, dass die kurze Seite am Stoffbruch liegt.

2 Übertrage das Piratenmotiv von Seite 115 auf den Stoffrest, schneide es sorgfältig aus und klebe es mit Textilkleber auf den Wimpel.

3 Nähe beide Stoffteile zusammen und lass unten eine kleine Öffnung für den Stab.

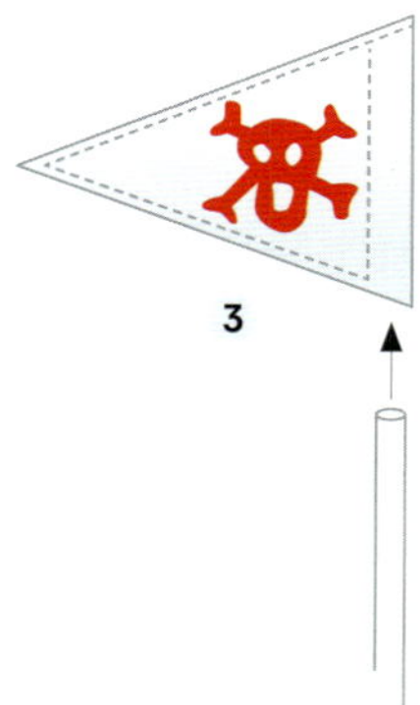

TISCHDEKO Piraten feiern am liebsten umgeben von Sand und Meer: Mit Vogelsand und einigen Muscheln aus dem letzten Urlaub lässt sich diese Inselatmosphäre einfach kreieren. Alte Flaschen als Kerzenhalter, Stofffetzen über eine Leine geworfen und für jeden Piraten einen kleinen Goldtalervorrat auf dem Teller sorgen für ein wildes Piratenfest.

LUDWIG

SCHATZKISTE

M Schuhkarton oder Pappkiste, unterschiedliche Papiere, Acrylbastelfarben, Borte, 2 Knöpfe

1 Grundiere den Karton mit *Acrylbastelfarbe* in einem dunklen Farbton.

2 Messe die einzelnen Seiten des Schuhkartons aus und schneide die Papiere in der gewünschten Größe zu, sodass jeweils ein Rand von einigen Millimetern stehen bleibt. Klebe die Papiere auf den Karton.

3 Für eine einheitliche Farbgebung wird das Papier mit wässriger Farbe übermalt und an den Rändern dunkel betupft.

4 Zum Schluss klebst du die Borte um die Kiste herum und verzierst die Enden jeweils mit einem Knopf.

GESCHENKSÄCKCHEN

M grober Leinenstoff,
Kordel, Knopf

1 Zeichne einen Kreis mit dem Durchmesser eines Esstellers auf den Stoff und schneide diesen aus.

2 Nun bringst du mit der *Lochzange* in regelmäßigen Abständen dem Rand entlang Löcher an.

3 Zum Schluss fädelst du die Kordel durch die Löcher und verzierst die Endstelle mit einem Knopf.

3

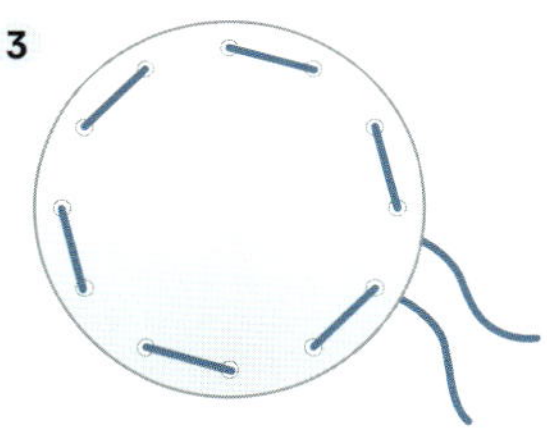

AUGENKLAPPE

M Fotokarton, Gummikordel,
fester Stoff, Diamanten und Glitter

1 Übertrage die *Vorlage* von Seite 114 in gewünschter Anzahl je einmal auf den Stoff und einmal auf den Fotokarton.

2 Danach klebst du den Stoff auf den Fotokarton. Zur Verzierung kann einmal im *Zickzackstich* um die äußere Kante herumgenäht werden.

3 Versehe die Augenklappe links und rechts mit einem Loch, in dem die Gummikordel befestigt wird.

4 Abschließend wird die Augenklappe mit Glitter und Diamanten verziert.

toni
carla

Viel Spaß mit
lieben Freunden!

carla
louisa
luna

POP-UP-KARTEN

M Fotokarton in verschiedenen Farben, Bindfaden, Papier

1 Schneide den Fotokarton auf die Maße 15 x 20 cm zu und falze die Karte mittig.

2 Nun schneidest du, wie in der Abbildung gezeigt, drei Linien in die gefalzte Karte (alle Angaben in Zentimetern).

3 Klappe die Karte auf und drücke die eingeschnittenen Streifen auf die Innenseite. Dann faltest du die Karte wieder zusammen, sodass sich die Streifen innen befinden.

4 Zeichne zwei Geburtstagsmotive auf einen andersfarbigen Fotokarton und schneide sie aus.

5 Anschließend werden die Motive an die aufgerichteten Streifen geklebt.

6 Fertige nun eine kleine Girlande an, indem du kleine Dreiecke beidseitig auf einen Bindfaden klebst und diesen an der Karte befestigst.

TIPP Eingestreute Konfetti machen die Karte schön bunt.

2

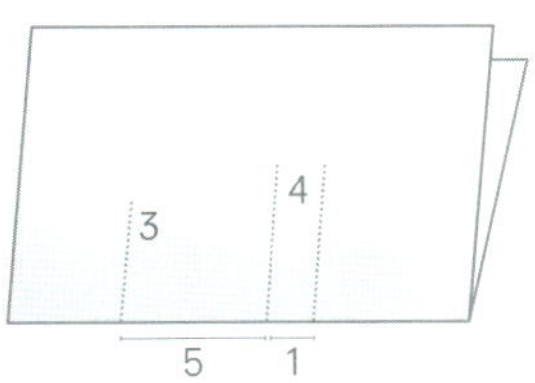

3

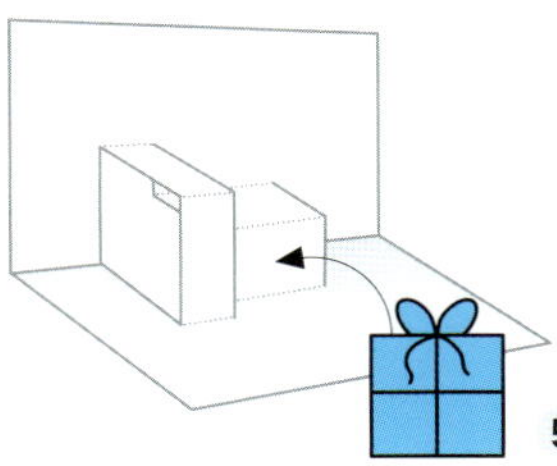

5

NAMENSSCHILDER

M Fotokarton, Holzstäbchen, Geschenkpapier

1 Klebe das Geschenkpapier auf den Fotokarton.

2 Übertrage die Kronen*vorlage* von Seite 114 in gewünschter Anzahl auf den Fotokarton und schneide die Kronen aus.

3 Anschließend schreibst du die Namen der Gäste auf die Vorderseite der Kärtchen.

4 Nun wird das Holzstäbchen von hinten mit etwas Klebefilm am Kärtchen befestigt.

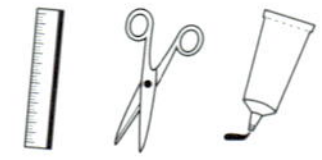

PARTYBLUME

M Geschenkpapier, Holzstäbchen, Bindfaden

1 Schneide das Papier in 40 x 10 cm lange Streifen und falte es wie eine Ziehharmonika in gleichmäßigen Abständen.

2 Nun faltest du den Stapel in der Mitte und umwickelst ihn mehrmals mit Bindfaden, um ihn zu fixieren.

3 Die beiden Enden werden anschließend so aufgefächert und oben und unten zusammengeklebt, dass eine Blume entsteht.

4 Zum Schluss befestigst du das Holzstäbchen an der Rückseite, indem du es durch den Bindfaden schiebst.

1

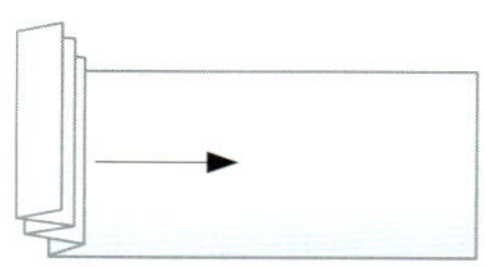

3

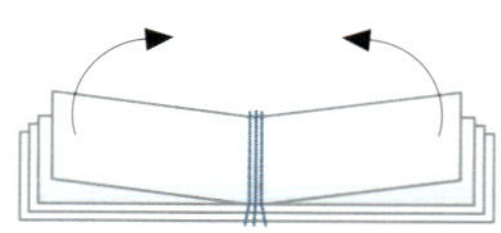

GIRLANDE

M Fotokarton, Geschenkpapier, Kordel

1 Falte das Papier und den Karton jeweils in der Mitte und zeichne dann die gewünschten geometrischen Formen auf. Für die Herzen überträgst du die *Vorlagen* von Seite 114/115 auf entsprechend große Rechtecke.

2 Schneide die Formen aus und bestreiche die Innenseiten mit *Kleber*, bevor du sie auf der Kordel anbringst.

BONUSKARTEN

M Fotokarton, Geschenkpapier, Kordel

1 Klebe das Geschenkpapier auf den Fotokarton, um es zu verstärken.

2 Schneide die gewünschte Anzahl an Karten mit den Maßen 5 x 9 cm aus und loche sie am oberen Ende.

3 Abschließend befestigst du die Kordel, sodass die Bonuskarte von den Kindern umgehängt werden kann.

POMPONS

Krepppapier, feste Pappe, Kordel

1 Fertige aus der Pappe zwei runde Scheiben an, in deren Mitte du ein Loch ausschneidest, das etwa einem Drittel des Gesamtdurchmessers entspricht.

2 Schneide das Krepppapier in 1 cm breite Streifen.

3 Lege nun die beiden Pappscheiben aufeinander und umwickle diese gleichmäßig mit dem Krepppapier.

TIPP Je mehr Krepppapier um die Pappscheiben gewickelt wird, desto fülliger wird der Pompon.

4 Das Krepppapier wird nun am äußeren Rand der Pappscheiben aufgeschnitten und mit einer Kordel zusammengebunden. Die Pappscheiben werden anschließend entfernt.

TIPP Pompons können auch aus Wolle oder Stoffstreifen angefertigt werden.

1

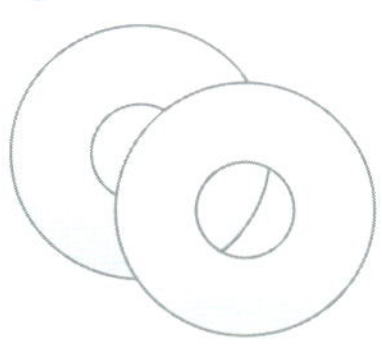

3

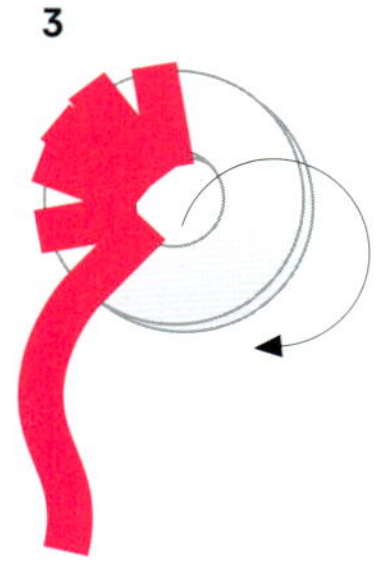

4

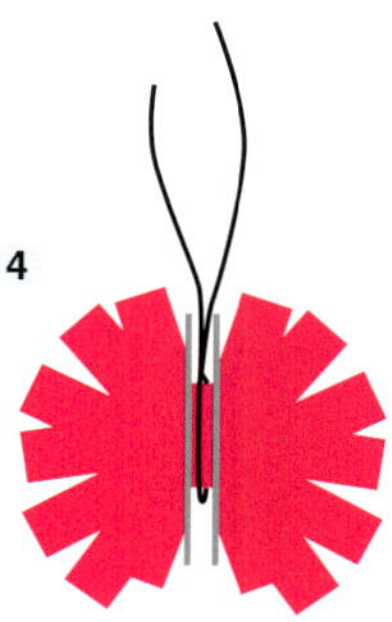

BALLONS

Reispapierlampenschirm, Servietten, Klarlack, Seidenpapier

1 Schneide aus den Servietten lange Streifen aus und bringe diese mit der *Serviettentechnik* auf den Lampenschirm auf.

2 Schneide aus dem Seidenpapier lange dünne Streifen und befestige diese unten am Lampenschirm.

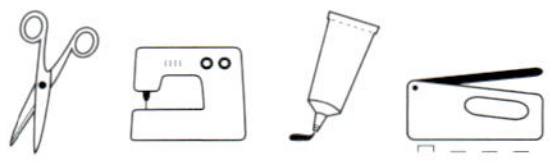

GEBURTSTAGSKRONE

Fotokarton, Wollfilz, Band, Stoffrest

1 Zeichne eine Kronen*vorlage*, wie in der Abbildung bemaßt, auf ein Stück Papier und schneide diese aus.

2 Übertrage die *Vorlage* einmal auf den Fotokarton und einmal auf den Wollfilz; klebe dann die beiden Teile aufeinander.

3 Nun *steppst* du einmal mit der *Nähmaschine* die Konturen der Krone nach und befestigst auf diese Weise auch ein farblich passendes Band im unteren Drittel der Krone.

4 Aus zwei Stoffresten schneidest du die Alterszahl des Geburtstagskindes aus und klebst diese leicht versetzt vorne auf die Krone.

TIPP Die Nähte sind zur Zierde da, deshalb kann die Krone auch nur geklebt werden.

5 Zum Schluss wird die Krone hinten dem Kopfumfang entsprechend zusammengetackert.

1

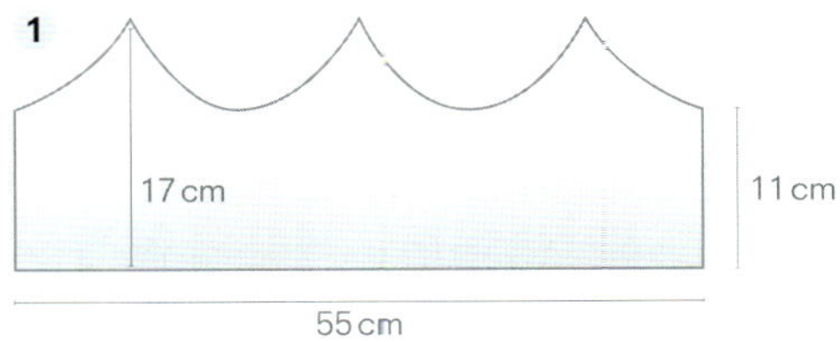

GETRÄNKEDEKO Es lässt sich schnell und einfach aus jedem Getränk ein toller Kindercocktail zaubern, indem Eiswürfel mit gefrorenen Beeren vorbereitet und dünn geschnittene Limettenscheiben auf den Glasrand gesteckt werden. Sieht nicht nur toll aus, sondern schmeckt auch gut!

3

Ab in die Ferien!

Faulsein ist wunderschön,
denn die Arbeit hat noch Zeit.
Wenn die Sonne scheint
und die Blumen blühn,
ist die Welt so schön und weit.

Astrid Lindgren

ALMA

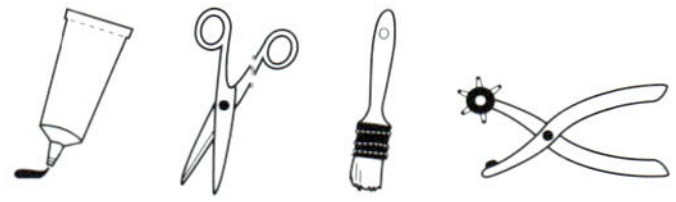

Material

Koffer, Servietten,
2 Lederreste à 5 x 9 cm,
Band, Klarlack,
dünnes Geschenkpapier

KOFFER

1 Sollte der Koffer keine schöne Innenverkleidung haben, kannst du mit Geschenkpapier und *Kleister* ein schönes Innenleben schaffen. Hierfür schneidest du das Papier in passende Stücke und kleisterst alle Innenwände sorgfältig damit aus.

2 Mithilfe der *Serviettentechnik* dekorierst du nun den Koffer, indem du an verschiedenen Stellen Motive auf dem Koffer anbringst.

3 Nach dem Trocknen solltest du erneut alle Stellen mit Klarlack überstreichen.

KOFFERANHÄNGER

1 Für den Kofferanhänger überträgst du die *Vorlage* von Seite 113 zweimal auf die Lederreste und schneidest diese mit der Schere aus.

2 Nun stanzt du mit der *Lochzange* bei einem Lederstück die Blume aus.

3 Abschließend klebst du die beiden Stücke mit *Alleskleber* zusammen und stanzt mit der *Lochzange* ein Loch an der markierten Stelle. Hier fädelst du das Band durch und befestigst den Anhänger am Kofferhenkel.

Material
2 Stück weiße
Baumwolle à 84 x 84 cm,
Baumwollvlies, 80 x 80 cm,
Stoffreste

KUSCHELDECKE

1 Übertrage die Blumen*vorlagen* von Seite 116/117 sechsmal auf die Stoffreste und schneide diese aus.

2 Als Nächstes steckst du die Blumen an gewünschter Stelle auf einer Lage des weißen Baumwollstoffs fest und umsteppst sie doppelt mit *Zickzackstich*.

TIPP Besonders schön sieht es aus, wenn zusätzlich mit buntem Garn geschwungene Ziernähte auf dem Stoff aufgebracht werden.

3 Nun werden die beiden Baumwollstoffe rechts auf rechts aufeinandergesteckt und an drei Seiten mit der *Nähmaschine gesteppt*.

4 Jetzt wendest du das Ganze und bügelst den Stoff. Achte darauf, dass du an der offenen Seite die Kanten vor dem Bügeln einschlägst.

5 Das Baumwollvlies wird in die Decke eingepasst.

6 Abschließend wird die gesamte Decke am Rand *umsteppt*, dabei wird auch die Öffnung geschlossen.

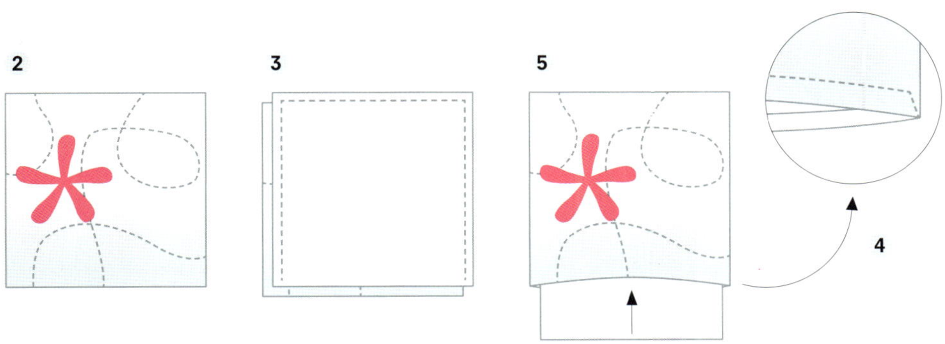

Material

weißer Baumwollstoff,
ca. 25 x 30 cm,
Stoffmalstifte,
Füllwatte

STOFFFREUNDE

1 Falte den Stoff in der Mitte und male mit den Stoffmalstiften eine Figur auf. Hierbei solltest du darauf achten, dass die Figur nicht zu klein wird.

2 Nun *steppst* du einmal um die Figur herum und lässt eine ungefähr 10 cm lange Öffnung stehen.

TIPP Besonders schön sieht es aus, wenn ein farblich passendes Garn benutzt wird.

3 Schneide die Figur großzügig um die Naht herum aus.

4 Jetzt stopfst du die Figur mit etwas Füllwatte aus.

5 Zum Schluss schließt du die Öffnung mit einigen Stichen von Hand oder mit der *Nähmaschine*.

1

2

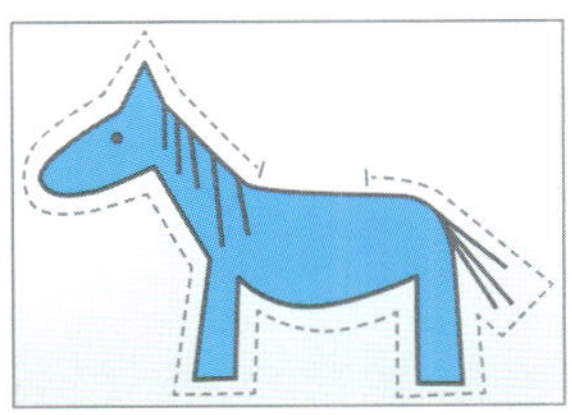

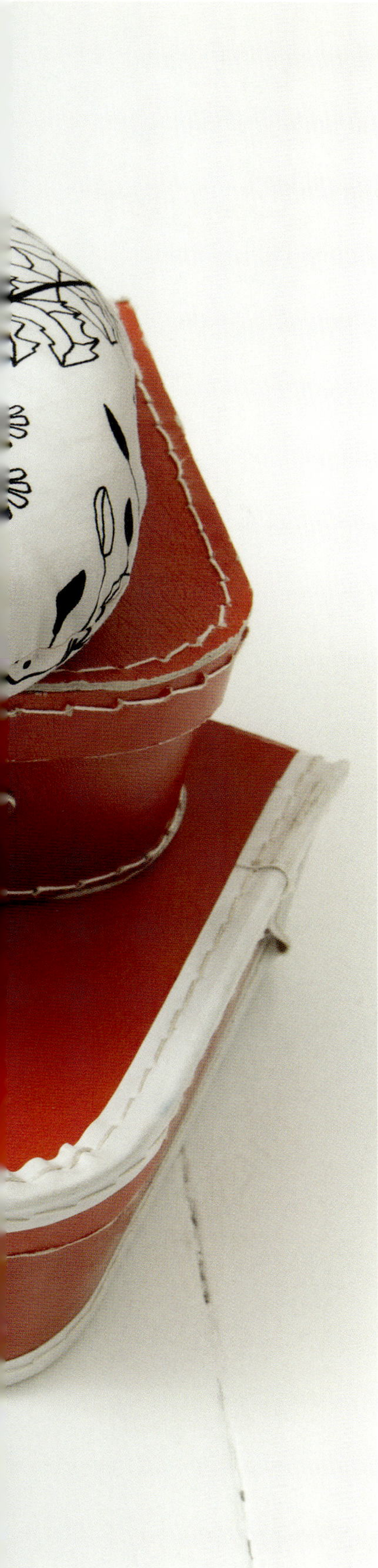

Material

Baumwollstoff,
30 x 60 cm,
Füllwatte

NACKENKISSEN

1 Übertrage die *Vorlage* von Seite 126/127 zweimal auf den Stoff und schneide die beiden Teile mit einer Nahtzugabe von 1,5 cm aus.

2 Nun steckst du die beiden Teile rechts auf rechts zusammen und *umsteppst* sie. An der gekennzeichneten Stelle bleibt eine Öffnung stehen.

3 Wende das Kissen auf rechts und stopfe es mit Füllwatte aus, bis es die gewünschte Festigkeit hat.

4 Die Öffnung wird mit ein paar Stichen von Hand geschlossen.

2

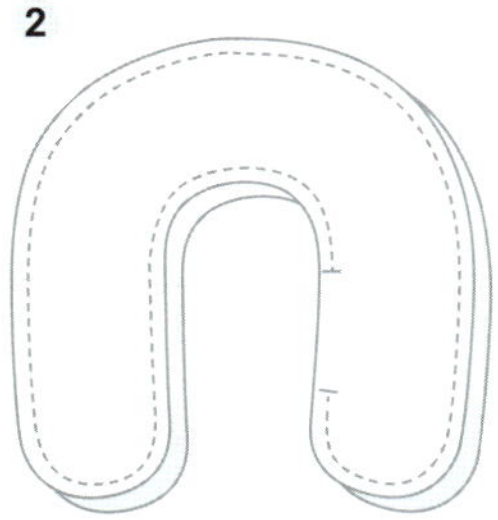

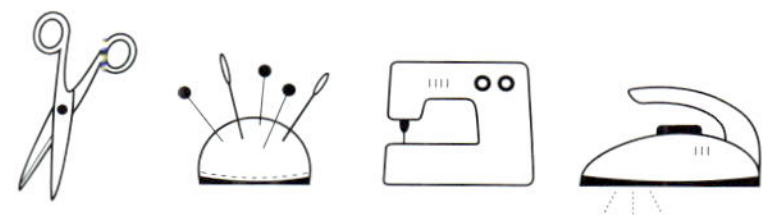

MALTASCHE

Material
Stoffe mit verschiedenen Mustern: 2 x 44 x 23 cm, 2 x 15 x 23 cm, 100 x 5 cm,
Klettband zum Aufnähen, 5 cm,
46 cm Borte

1 Fertige aus dem 100 x 5 cm langen Stück Stoff einen 2 cm breiten Schlauch an.

2 Für die Taschen nähst du die zwei kleineren Stoffstücke (15 x 23 cm) an der langen Kante jeweils 1 cm um, indem du den Stoff zweimal nach innen faltest, bügelst und schließlich *steppst*.

3 Die Taschen werden nun, wie in der Abbildung gezeigt, rechts auf rechts auf eins der großen Stoffstücke (44 x 23 cm) gelegt und an der unteren Kante entlang *gesteppt*. Anschließend klappst du die Taschen hoch und bügelst einmal über die Kante. Nun wird noch eine Seite des Klettverschlusses oben angenäht.

4 Als Nächstes nähst du die Borten, den *Schlauch* und das Gegenstück des Klettverschlusses entsprechend der Abbildung auf der rechten Seite des zweiten großen Stoffstückes auf.

5 Nun steckst du die beiden Stoffteile rechts auf rechts aufeinander und *steppst* alle Kanten bis auf die obere zusammen.

6 Durch die obere Öffnung wendest du die Tasche und schließt die Öffnung per Hand oder mit der *Nähmaschine*.

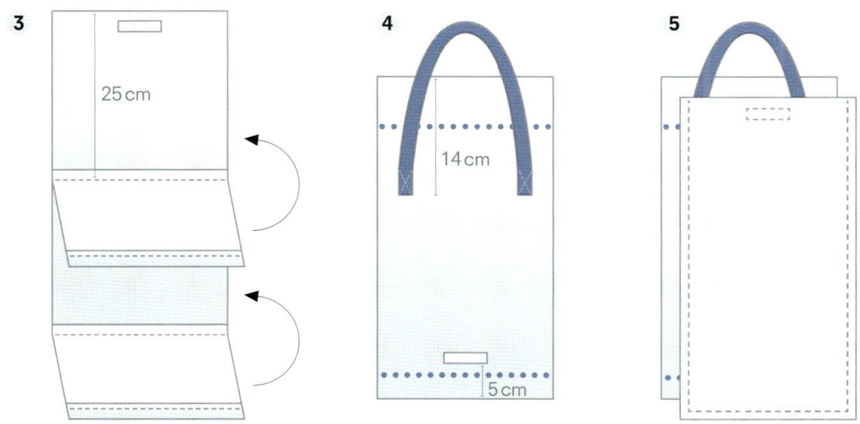

1549
pixi

Material
2 Stoffstücke
à 14,5 x 26,5 cm,
2 Stoffstücke
à 14,5 x 20 cm,
Gummilitze, 16 cm,
Borte, 16 cm

PIXITASCHE

1 Falte die kleineren Stoffstücke jeweils in der Mitte links auf links. *Steppe* an einem Teil die Borte fest und befestige am anderen die Gummilitze mit Stecknadeln.

TIPP Die Gummilitze sollte ungefähr 4 cm vom offenen Ende entfernt festgesteckt werden.

2 Nun steckst du alle Teile, wie in der Abbildung gezeigt, recht auf rechts zusammen.

3 Die Tasche wird nun bis auf eine ca. 5 cm große Öffnung in der unteren Mitte rundum *gesteppt* und dann durch die Öffnung gewendet.

4 Zum Schluss wird die Öffnung mit ein paar Stichen von Hand geschlossen.

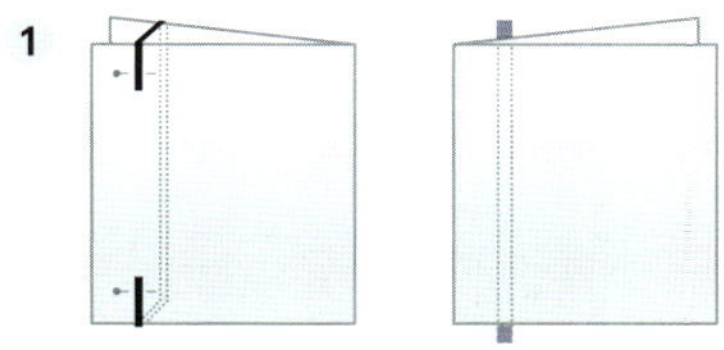

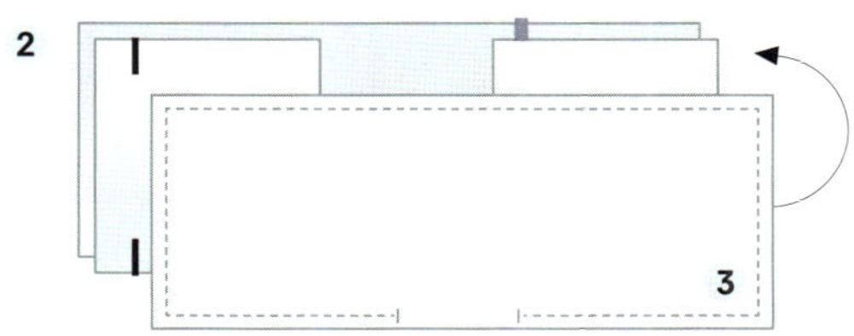

4

Schule macht Spaß!

Wir werden immer größer,
jeden Tag ein Stück.
Wir werden immer größer,
das ist ein Glück.

Volker Ludwig

1
2
3

FUSSBALLER-SCHULTÜTE

1 Zeichne einen Kegel mit den Seitenlängen 70 cm auf den Karton und schneide diesen aus.

2 Nun überträgst du die *Vorlage* von Seite 122 auf ein Stück Pappe und schneidest diese aus.

3 Das Schablonenmotiv wird mittig auf dem Kegel platziert und mit der *Sprenkeltechnik* mit *Acrylbastelfarbe* bearbeitet.

4 Wenn alles trocken ist, wird die Schablone entfernt.

5 Rolle anschließend den Karton zu einer Tüte und klebe die Außenseiten mit *Doppelklebeband* zusammen. Für mehr Stabilität kann die Tüte oben noch getackert werden.

6 Als Nächstes schlägst du den Stoff mit einem Abstand von ungefähr 10 cm in Falten und tackerst ihn in die Innenseite der Tüte.

7 Für eine saubere und schöne Abschlusskante wird eine farbig passende Zackenlitze einmal um die Tütenöffnung herumgeklebt.

8 Um die Tüte nach dem Füllen zu verschließen, bindest du passende Bänder um den Stoff.

Material

fertiger Schultütenrohling oder Fotokarton, 70 x 70 cm, Tüll und/oder Stoff, 100 x 30 cm, Pappe, Geschenkpapier, Gummi- oder Zackenlitze, Acrylbastelfarbe, Bänder

BLUMEN-SCHULTÜTE

1 Besprühe das Geschenkpapier ganzflächig mit *Sprühkleber* und klebe es auf den Fotokarton.

2 Zeichne einen Kegel mit den Seitenlängen 70 cm auf den Karton und schneide diesen aus.

TIPP Alternativ kann ein fertiger Schultütenrohling gekauft und nach Anleitung dekoriert werden.

3 Folge nun den Arbeitsschritten 5 bis 8 der Fussballer-Schultüte.

1 2

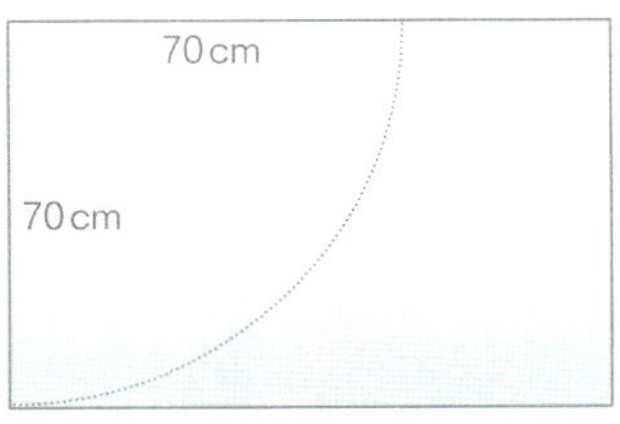

5 6

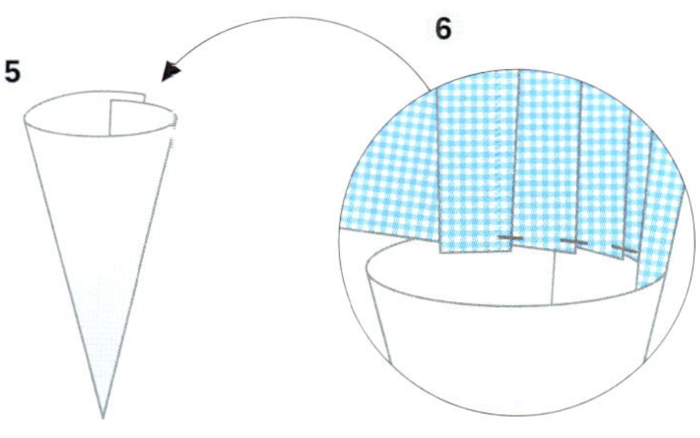

SELMA
1/2d
Meine Geschichten

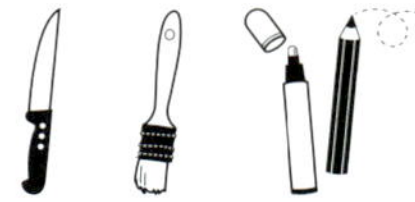

Material

Kartoffeln,
Acrylbastelfarbe,
einfarbige Etiketten

NAMENSETIKETTEN

1 Um einen *Kartoffelstempel* anzufertigen, halbierst du eine Kartoffel und zeichnest dir die gewünschte Form auf der Schnittfläche vor.

2 Nun schneidest du vorsichtig mit dem Messer die überflüssigen Ränder weg, sodass nur die Fläche stehen bleibt, die am Ende gestempelt werden soll.

3 Sollte die Kartoffel sehr feucht sein, tupfst du sie trocken, bevor du die Farbe auf die Stempelfläche aufträgst.

TIPP Probiere ein bisschen aus, wie es sich für dich am besten stempeln lässt. In der Regel gilt: Die Farbe lieber dünn auftragen, da sonst das Motiv verläuft.

4 Nun kannst du die Etiketten bestempeln, achte aber darauf, dass noch genügend Platz bleibt, um später den Namen einzutragen.

1

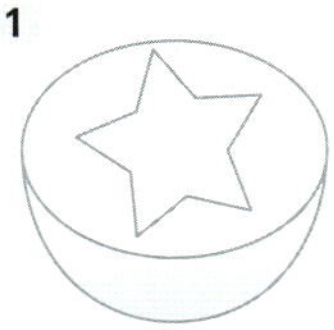

2

Material

Kalksandstein,
Vorstreichfarbe,
Acrylbastelfarbe,
Acryllack,
feste Pappe

STIFTESTEIN

1 Grundiere den Stein mit Vorstreichfarbe und *lackiere* ihn anschließend mit *Acryllack* in der gewünschten Farbe.

2 Fertige eine Schablone für den Dinosaurier an, indem du die *Vorlage* von Seite 112 auf feste Pappe überträgst und ausschneidest.

3 Nun klebst du die Schablone mit wiederablösbarem *Sprühkleber* auf den Stein und besprenkelst ihn mit den *Acrylbastelfarben* deiner Wahl. Halte dazu das Sieb nah über die Schablone und streiche mit der in *Acrylbastelfarbe* getauchten Zahnbürste darüber. Je näher du an der Schablone bist, desto dichter werden die *Sprenkel*.

TIPP Probiere diese Technik lieber erst einmal auf Zeitungspapier aus, um den besten Abstand und die ideale Farbmenge herauszufinden.

4 Nachdem die Farbe getrocknet ist, entfernst du vorsichtig die Schablone. Abschließend kannst du die Öffnungen im Stein noch mit *Acrylbastelfarbe* bemalen.

PASTEL

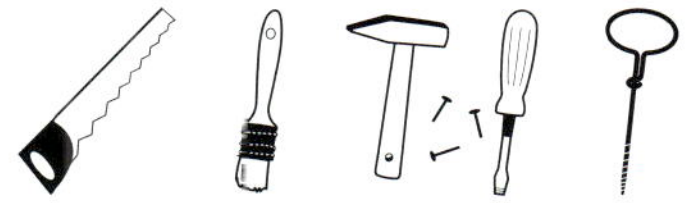

SCHRAUBGLASREGAL

Material

Holzbrett, 42 x 8 cm,
Zierleiste, 60 cm,
4 Schraubgläser mit Deckel,
Nägel und Schrauben,
2 Winkel, Acryllack

1 Säge die Zierleiste auf die Maße 1 x 44 cm und 2 x 8 cm zu.

2 Die Zierleistenteile werden nun mit kleinen Nägeln an den Kanten des Holzbrettes befestigt, sodass sie mit dem Holzbrett unten bündig sind und nach oben etwas überstehen.

3 *Lackiere* das gesamte Regal mit *Acryllack* und lasse es trocknen.

4 Als Nächstes werden die Deckel der Schraubgläser mit jeweils 2 Schrauben von unten am Brett befestigt. Hierbei kann es hilfreich sein, mit dem *Handbohrer* vorzuarbeiten.

TIPP Sollten die Deckel ebenfalls *lackiert* werden, ist es wichtig, diese nur sehr dünn zu bemalen und vollständig trocknen zu lassen, bevor die Gläser angeschraubt werden.

5 Zum Schluss befestigst du die zwei Winkel zur Aufhängung am Regal.

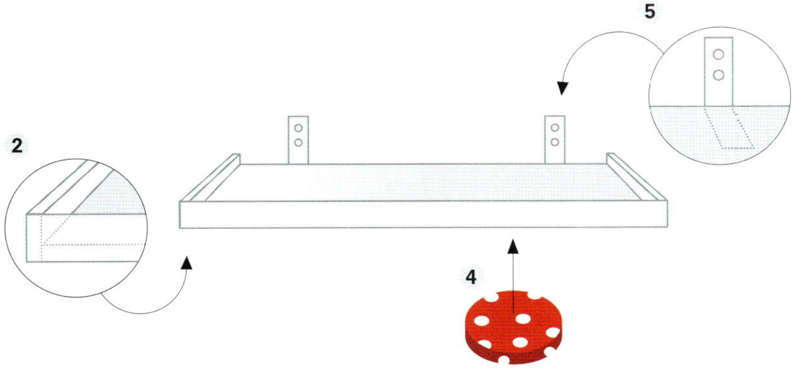

piep!
blub

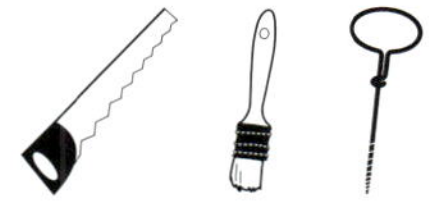

Material
Pressspanplatte,
40 x 50 cm,
Schleifpapier,
Schultafellack

TAFELN

1 Übertrage das gewünschte Motiv von Seite 118/119 auf die Pressspanplatte und säge das Motiv mit der *Laubsäge* aus.

2 Bohre mit dem *Handbohrer* an der markierten Stelle ein Loch für das Auge.

3 Nun schleifst du die Kanten mit Schleifpapier ab und *lackierst* die gesamte Fläche mit *Schultafellack* nach Herstelleranleitung.

Material

Holzbilderrahmen, dekorative Klammern, kleine Schraubösen, Aufhängevorrichtung, Bänder

BILDERLEINE

1 Entweder du suchst auf dem Flohmarkt einen alten Bilderrahmen (diese gibt es oft bereits schon ohne Glas und Rückwand) oder du kaufst einen neuen, den du von Scheibe und Rückwand löst.

2 Bohre mithilfe des *Handbohrers* zwei bzw. vier Löcher auf gleicher Höhe in die Rahmenrückseite.

3 Die Schraubösen werden in die vorgebohrten Löcher geschraubt.

4 Nun spannst du die Schnur, indem du sie an einer Seite verknotest, die Klammern aufziehst und anschließend auf der anderen Seite festbindest.

E. STRITTMATTER
Tinko

MAL- UND SKIZZENHEFTE

Material
unterschiedliche Papiere und Pappen, altes Kinderbuch, selbstklebendes Leinengewebeband, 2 Holzleisten, Holzleim, Gummibänder, Schraubzwinge

KLEBEBINDUNG

1 Schneide mit dem *Cutter* und einem Lineal den Buchdeckel und die Buchrückseite von dem alten Kinderbuch ab.

2 Nun schneidest du die unterschiedlichen Papiere auf das Maß des Buchumschlags zuzüglich 15 mm in der Breite zurecht. Hierfür kann eine professionelle Schneidemaschine benutzt werden.

TIPP Damit das Heft etwas Besonderes wird, können eine bunte Mischung verschiedener Papiere sowie einige Originalseiten aus dem ursprünglichen Buch verwendet werden.

3 Die Papiere werden nun akkurat aufeinandergelegt und zwischen die zwei Holz leisten gespannt, sodass sie ungefähr 1 cm aus den Leisten herausstehen.

4 Die zwei Leisten werden an den Seiten jeweils mit einem Gummiband umwickelt.

5 Nun trägst du auf die Papierkanten großzügig Holzleim auf, sodass dieser auch zwischen die einzelnen Blätter gelangt.

6 Die Leistenkonstruktion wird anschließend auf die geleimte Kante geschoben und mithilfe einer Schraubzwinge gepresst.

7 Wenn der Leim getrocknet ist, löst du die Holzkonstruktion und umklebst die geleimte Kante mit dem Leinengewebeband.

8 Abschließend werden nun die Buchumschläge vorne und hinten aufgeklebt, sodass diese vorne bündig mit dem Papier abschließen.

RINGBINDUNG

Sollte dir eine Klebebindung zu aufwendig sein, kannst du nach Schritt 2 auch eine Ringbindung in einem Kopierladen machen lassen. Bei dieser Variante müssen die Papiere aber in der Breite des Umschlags ohne Zugabe zugeschnitten werden. Hierbei solltest du vorher sicherstellen, dass der Buchumschlag nicht zu dick ist für die Bindemaschine.

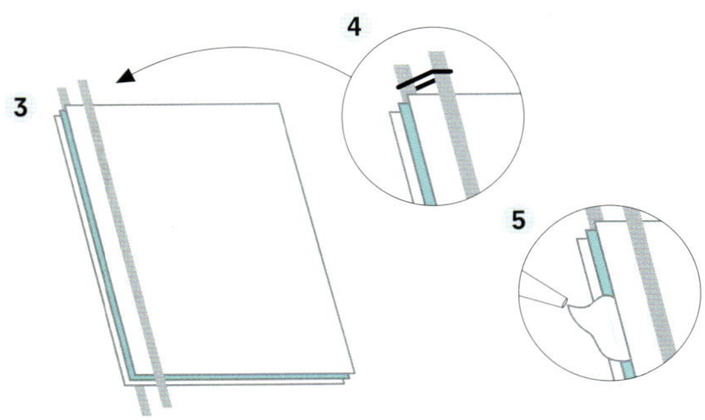

Mittwoch
Fußball

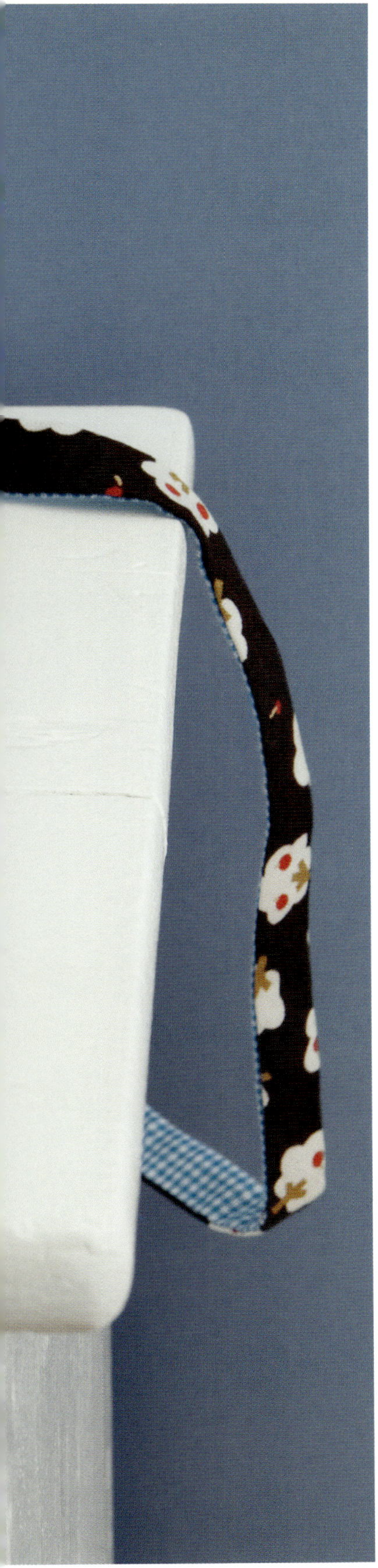

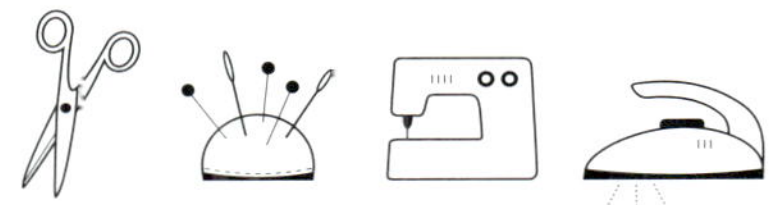

Material

2 Stoffe à 4 x 90 cm, Schlüsselkarabiner oder Schlüsselring

SCHLÜSSELBÄNDER

1 Bügle die Längskanten der Stoffstücke an beiden Seiten je 1 cm um.

2 Nun legst du die zwei Stoffe links auf links aufeinander und *steppst* an den äußeren Kanten entlang, sodass ein langes Band entsteht.

3 Die zwei Enden werden, wie in der Abbildung gezeigt, zu einer Schlaufe gelegt, in die der Schlüsselkarabiner eingehängt wird.

4 Abschließend vernähst du das Schlaufenende, indem du ein Kreuz nähst und so das Band verschließt.

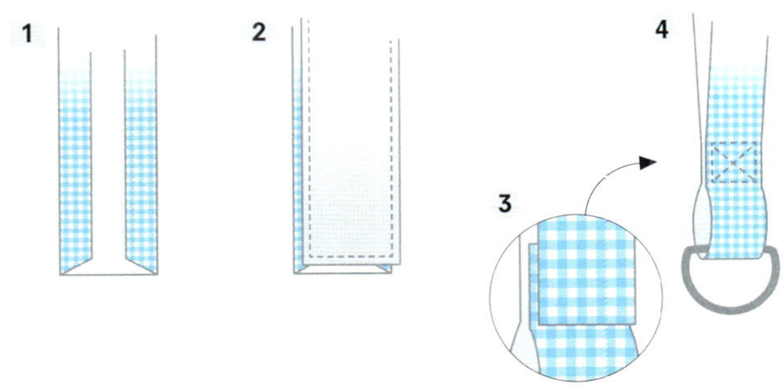

Material

Kinderzeichnung,
Holzbrett oder MDF-Platte
(etwas größer als die Zeichnung),
3 kleine Schraubhaken,
Klarlack, Acryllack

SCHLÜSSELBRETT

1 *Lackiere* das Brett in der Farbe deiner Wahl und lasse es gut trocknen.

2 Danach wird die Kinderzeichnung mit *Sprühkleber* auf das Brett geklebt und anschließend mit Klarlack bestrichen.

3 Wenn der Lack trocken ist, bohrst du mit dem *Handbohrer* die Löcher für die Haken vor und schraubst diese ein.

TIPP Wenn durch das Bohren unschöne Stellen im Papier entstehen, können diese mit selbstklebenden Punkten überklebt werden.

5

Bunter Herbst

Laterne, Laterne,
Sonne, Mond und Sterne.
Brenne auf mein Licht,
brenne auf mein Licht,
aber nur meine liebe Laterne nicht.

Material

schwarze Klebefolie, 45 x 90 cm, rote Klebefolie, 10 x 20 cm, gepresste Blätter

FENSTERDEKO

Alle Kinder sammeln und pressen gerne bunte Herbstblätter– nur was daraus machen? Ein Fenster mit zunehmend trüberer Aussicht hat wohl jedes Zimmer …

1 Übertrage zuerst die Baum*vorlage* von Seite 120/121 auf die schwarze Klebefolie und die Vogel*vorlage* von Seite 120 auf die rote Klebefolie; schneide alle Motive aus. Für das Vogelauge bringst du an der markierten Stelle ein kleines Loch an.

TIPP Schön sieht es aus, wenn die Vögel sowohl nach links als auch nach rechts schauen!

2 Klebe nun den Baum ans Fenster und die Vögel auf die Äste.

3 Die getrockneten Blätter versiehst du auf der Rückseite mit einem Stück *Doppelklebeband* und bringst sie auf den Ästen an.

TIPP Vielleicht werden gerade ein paar Blätter vom Baum geweht?

Liebe eltrn
DER WIND HAT MIR EIN LIED
ERZÄHLT

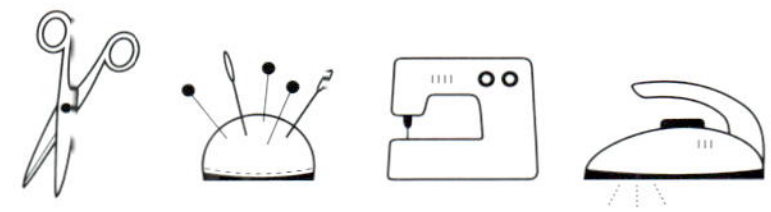

WINDSTOPPER

Material

Stoff, 120 x 45 cm (je nach Türbreite) und 50 x 2 cm für die Kordel, Stoffreste, aufbügelbare Buchstaben, farbiges Garn, Stoffmalstifte, Füllmaterial

1 Übertrage die *Vorlage* von Seite 122 auf die Stoffreste und nähe diese mit *Zickzackstich* aufeinander. Augen und Mund können entweder mit farbigem Garn aufgestickt oder mit einem Stoffmalstift aufgezeichnet werden.

2 Nähe das fertige Gesicht auf das große Stoffstück und bügle die Buchstaben auf.

3 Jetzt wird der Stoff an einer kurzen Seite doppelt nach innen gefaltet, gebügelt und anschließend *gesteppt*.

4 Nun faltest du den Stoff der Länge nach rechts auf rechts und steppst diesen wie in der Abbildung gezeigt, sodass ein länglicher Bezug entsteht, den du nun auf die rechte Seite wendest.

5 Abschließend wird aus dem kleinen Stoffstück ein kleiner *Schlauch* als Kordel zum Verschließen des Windstoppers hergestellt.

TIPP Für die Füllung des Windstoppers können alte Kleidungsstücke, Badetücher oder ausrangierte Tischdecken benutzt werden. So liegt der Windstopper im Sommer nicht im Weg herum, sondern kann zusammengefaltet und verstaut werden.

1

3

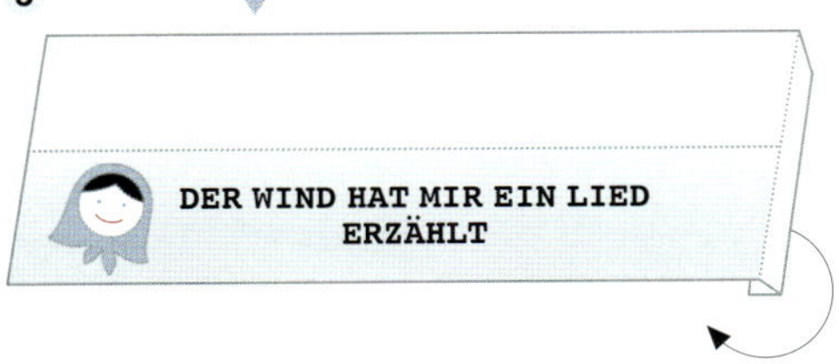

4

Material

Gläser, Einbrennlack, farbiger Basteldraht, Perlen, Knöpfe, Borte, Kordel

WINDLICHTER

1 Bemale die Gläser mit dem *Einbrennlack*, lasse sie trocknen und brenne sie nach Herstelleranleitung im Ofen.

TIPP Sollte kein *Einbrennlack* vorrätig sein, können auch *Acrylbastelfarben* verwendet werden. Hierbei sollten die Angaben des Herstellers beachtet werden.

2 Nach dem Abkühlen umwickelst du die Gläser mit Basteldraht, Borten oder Kordeln und verknotest diese mit einem Knopf oder schönen Perlen.

Material

Stoff, 38 x 25 cm,
Kunstfell, 38 x 25 cm,
Band, buntes Garn,
2 Knöpfe

MUFF

1 Übertrage die *Vorlage* von Seite 123 auf den Stoff und verziere die Vorderseite, indem du die Kontur mehrmals mit einem farbigen Garn *nachsteppst*.

2 Nun legst du das Fell und den Stoff rechts auf rechts aufeinander und *steppst* die beiden Lagen so zusammen, dass ein Rechteck mit den Maßen 36 x 23 cm entsteht. Die obere Kante wird zum Wenden offen gelassen.

3 Wende das Ganze und falte den Stoff in der Mitte, sodass das Fell außen ist. *Steppe* mehrmals mit *Zickzackstich* an der oberen Kante entlang, um den Muff zu schließen.

4 Anschließend wendest du ihn, sodass der Stoff außen liegt.

5 Nun befestigst du das Band, entsprechend der Körpergröße des Kindes, mit mehreren Stichen an den Seiten des Muffs.

TIPP Das Band kann noch mit zwei Knöpfen verziert werden.

3

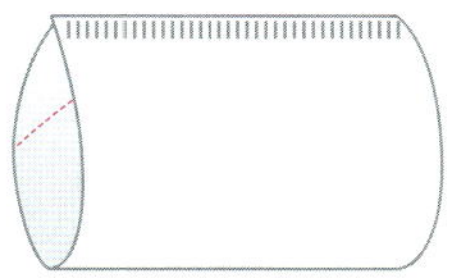

5

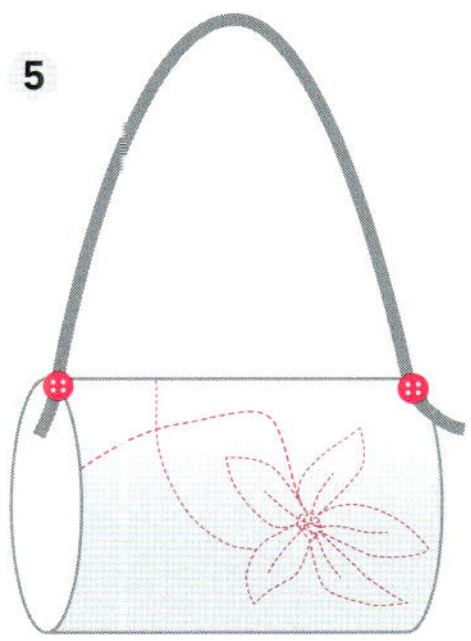

1

2

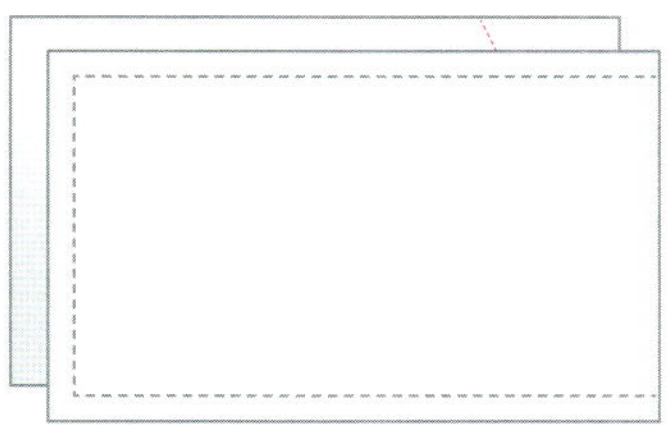

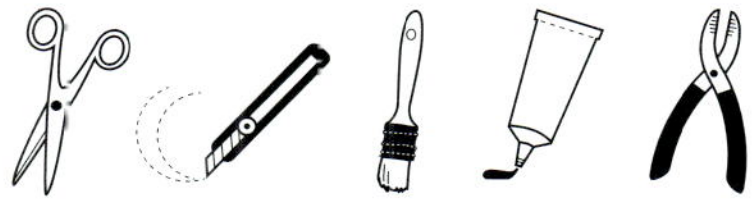

Material

Milchkarton oder Papiertüte in beliebiger Größe, Transparentpapier, Aluminiumdraht, 40 cm Acrylbastelfarbe, Laternenstab

LATERNEN

1 Trenne das obere Drittel des Milchkartons mit dem *Cutter* ab.

2 Die Milchpackung kann nun mit *Acrylbastelfarbe* nach Belieben gestaltet werden. Hierfür eignen sich auch gut selbstgemachte *Stempel*.

3 Nun schneidest du mit dem *Cutter* oder einer Schere Formen in den Milchkarton bzw. in die Papiertüte. Achte darauf, dass die Laterne trotzdem stabil bleibt, indem du nicht zu viele Formen und vor allem nicht zu nahe an die Ränder schneidest.

4 Die Öffnungen beklebst du von innen mit Transparentpapier oder mit sehr dünnem Geschenkpapier. Entweder bekommt jede Form eine andere Farbe oder jede Seite des Kartons wird mit einem Stück ganzflächig beklebt.

5 Abschließend stichst du an zwei gegenüberliegenden Seiten jeweils ein kleines Loch in den Karton und befestigst ein ungefähr 40 cm langes Drahtstück, wie in der Abbildung gezeigt.

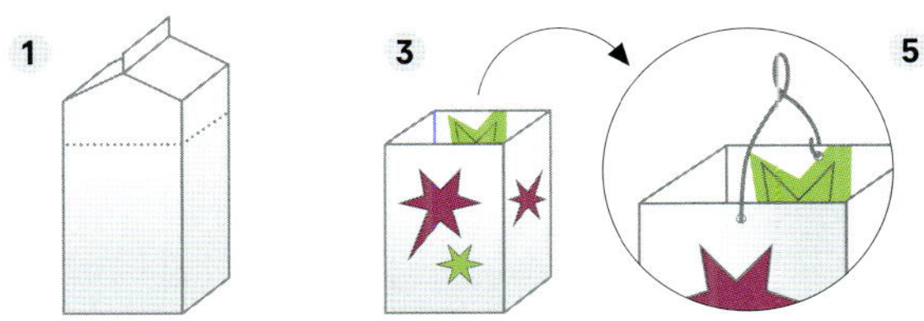

6

Schöne Adventszeit

Adventskalender im Dezember
wünsch ich mir so sehr,
ich zähl die Tage, sing und sage
Weihnacht ist nicht fern!

1
2
3
4
5
6
7
8
9
10
11
12
13
14
15
16
17
18
19
20
21
22
23
24

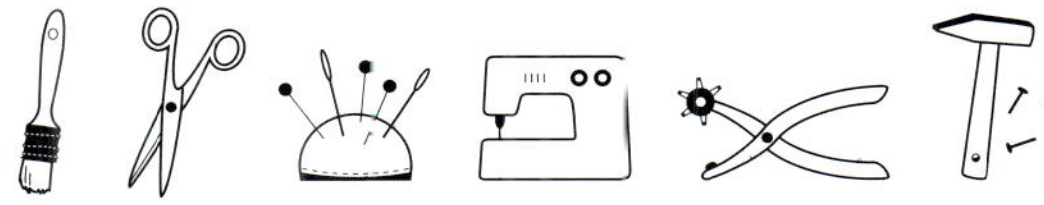

Material

24 Stoffstücke à 12 x 20 cm,
Stoffreste für die Zahlen,
2 Holzbretter à 50 x 20 cm,
24 Ösen, 24 Hakennägel,
Acryllack

ADVENTSKALENDER

1 *Lackiere* die Bretter mit *Acryllack* und lasse sie trocknen.

2 Übertrage die Zahlen von Seite 126/127 auf die Stoffreste und schneide sie aus.

3 Anschließend werden die Zahlen auf die 24 Stoffstücke gesteckt und mit *Zickzack-stich* festgenäht.

4 Die obere Seite des Stoffs kann nun entweder *gesäumt* oder mit dem *Zickzackstich* versäubert werden werden.

5 Falte die Stoffstücke rechts auf rechts und steppe sie jeweils unten und an der Seite. Anschließend werden die Säckchen auf rechts gewendet.

6 Nun werden die Säckchen in der oberen linken Ecke mit der *Lochzange* gelocht und mit einer Öse versehen.

7 Verteile die 24 Säckchen gleichmäßig auf den zwei Holzbrettern und befestige die Hakennägel an den entsprechenden Stellen.

3

5

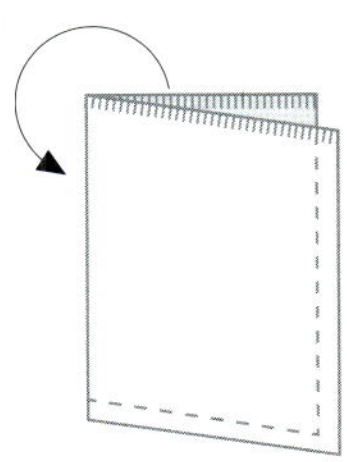

6

Material

24 Butterbrottüten, feste Pappe, 13 x 21 cm, Acrylbastelfarbe, Satinband, Kordel, Glas

ADVENTSKALENDER

1 Fertige dir eine Schablone an, indem du mithilfe eines Glases einen Kreis auf das Pappstück zeichnest und diesen ausschneidest.

2 Lege die Schablone auf die Tüten auf und male den Kreis flächig mit *Acrylbastelfarbe* aus.

TIPP Je größer der Pinsel, desto schneller geht die Produktion!

3 Wenn alle Tüten getrocknet sind, *stempelst* oder malst du die Zahlen mit großen Ziffern in die Kreise.

4 Fülle die Tüten, binde sie mit einem Satinband zu und hänge sie an eine lange Kordel.

TIPP Besonders schön sieht es aus, wenn die Tüten in unterschiedlichen Längen herunterhängen.

2

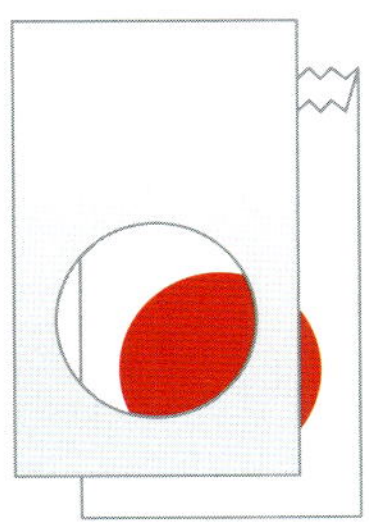

13
2
7
24

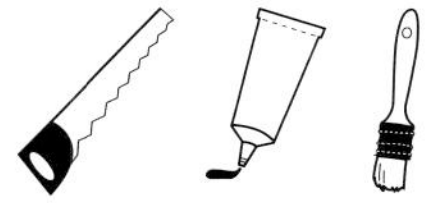

Material

stabiler Ast, ca. 80 cm,
Kantholz 5 x 5 x 36 cm,
Servietten, Klarlack,
Acrylbastelfarbe,
Geschenkpapier,
Kordel

ADVENTSKALENDER

1 Säge das Kantholz in drei Teile: 1 x 20 cm und 2 x 8 cm.

2 Mit einer Bohrmaschine brinst du mittig im langen Kantholz ein Loch an, in welches später der Ast gesteckt wird. Achte darauf, dass das Loch nicht zu weit wird.

3 Nun werden die zwei kürzeren Kantholzstücke mit Holzleim so an das längere Stück geklebt, dass sich ein Kreuz ergibt.

4 Das Holzkreuz kann nun nach Belieben angemalt oder dekoriert werden. Solltest du hier die *Serviettentechnik* anwenden, empfiehlt es sich, das Holz weiß zu grundieren.

5 Bei Bedarf wird der Ast etwas entzweigt, sodass nur noch die dicken Zweige übrig bleiben. Diese werden mit *Acrylbastelfarbe* angemalt.

6 Den Zweig steckst du nun in das Holzkreuz.

7 Abschließend verpackst du 24 kleine Geschenke, versiehst sie mit Nummern und hängst sie am Ast auf.

3

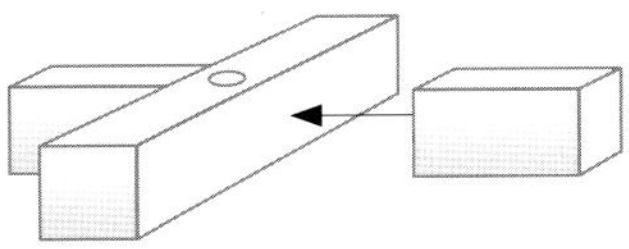

6

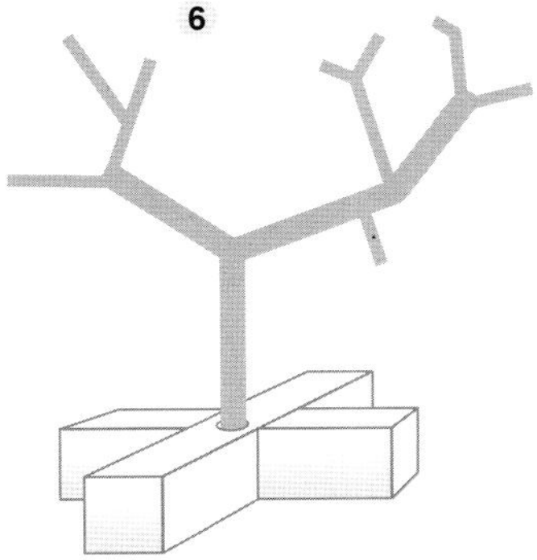

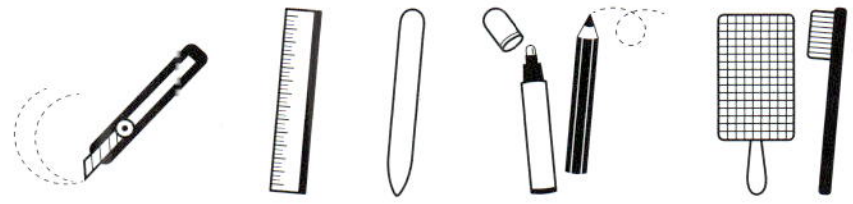

Material

Fotokarton im Format DIN A3, Acrylbastelfarbe, weicher Bleistift

PLÄTZCHENVERPACKUNG

1 Vergrößere die *Vorlage* von Seite 124 auf 100 % und zeichne alle Linien rückseitig dick mit einem weichen Bleistift nach. Dann legst du die Vorlage mit dem Bleistiftstrich nach unten auf den Fotokarton und zeichnest alle Linien nach: Die Vorlage überträgt sich so gut sichtbar auf den Fotokarton!

2 Jetzt schneidest du die Verpackung mit einem *Cutter* an den durchgezogenen Linien aus und dekorierst den Karton entweder mit einem Stift oder mithilfe der *Sprenkeltechnik*.

3 Nach dem Trocknen werden die gestrichelten Linien gefalzt, indem du ein Lineal an die Linien anlegst und diese mit einem Falzbein nachziehst. So erhältst du ordentliche Falzkanten.

TIPP Sollte kein Falzbein vorhanden sein, kann alternativ auch mit einem spitzen Gegenstand gefalzt werden.

4 Abschließend knickst du die Falzkanten nach innen, wodurch die Plätzchenverpackung entsteht. Sie wird verschlossen, indem die zwei halbrunden Verschlüsse ineinandergesteckt werden.

TIPP Besonders hübsch sieht es aus, wenn die Plätzchen noch mit einem Streifen Butterbrotpapier und einer schönen Schleife umwickelt werden, bevor sie in die Verpackung gelegt werden.

2

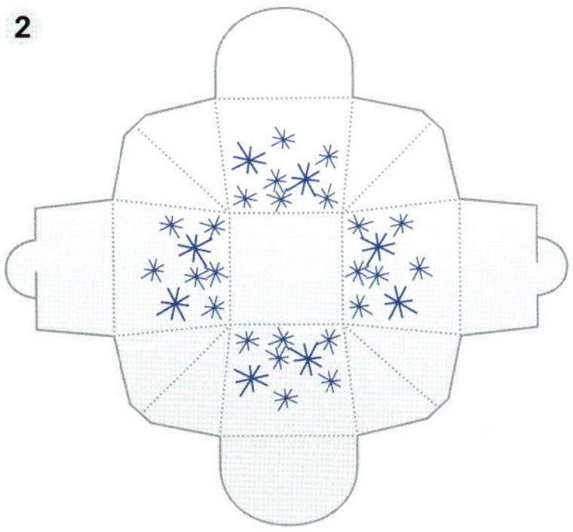

4

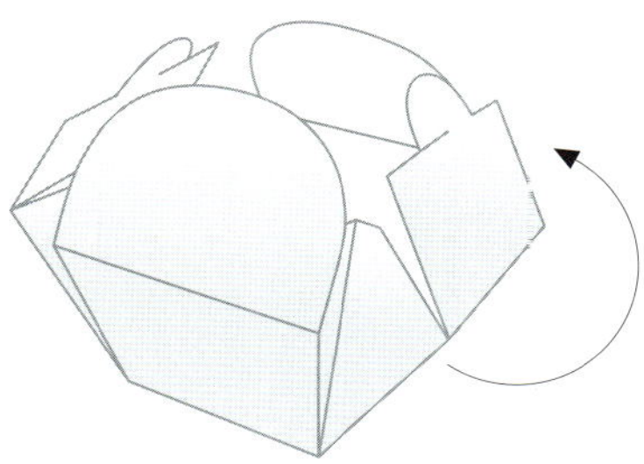

No. 9.
Molto allegro.
p sempre leggiero
cresc.

Material

Moosgummi, großes rundes Einmachglas oder Blechdose, Doppelklebeband, Packpapier, Acrylbastelfarbe, Lackrolle

GESCHENKPAPIER

1 Um eine *Stempelrolle* anzufertigen, beklebst du ein ausreichend großes Stück Moosgummi rückseitig mit Doppelklebeband. Auf die Vorderseite zeichnest du einige Motive auf und schneidest diese mit der Schere aus. Auf Seite 125 befinden sich Motivvorschläge!

2 Die ausgeschnittenen Motive werden nun rundherum auf das Glas oder die Blechdose geklebt.

3 Rolle mit einer Lackrolle eine kleine Menge *Acrylbastelfarbe* auf einen geraden Untergrund (zum Beispiel eine aufgeschnittene Milchtüte).

4 Die *Stempelrolle* rollst du gleichmäßig durch die Farbe, sodass alle Motive dünn mit Farbe bestrichen werden.

TIPP Es empfiehlt sich, zuerst ein paar Tests zu machen. Finde die richtige Farbmenge heraus, bevor du die *Stempelrolle* über das zu bedruckende Papier rollst!

5 Die Rolle wird nun an einer Seite des Papiers angelegt und gleichmäßig quer über das Papier gerollt. Wie dicht du stempeln möchtest und ob du die Farbe mittendrin wechseln möchtest, entscheidest du.

2

5

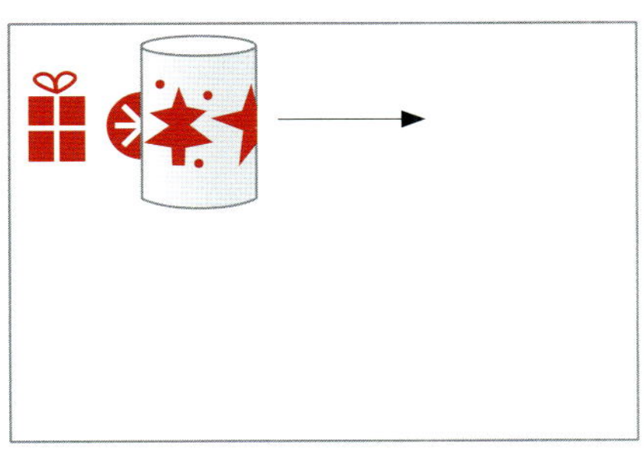

Nº 6.

GESCHENKANHÄNGER

Material

kleine MDF-Holzplatten, Moosgummi, Doppelklebeband, Stempelkissen bzw. Acrylbastelfarbe, unterschiedliche Papiere und Pappen, Kordeln und Schnüre

1 Um einen *Stempel* anzufertigen, beklebst du als Erstes ein ausreichend großes Stück Moosgummi rückseitig mit Doppelklebeband. Auf die Vorderseite zeichnest du einige Motive auf und schneidest diese mit der Schere aus. Auf Seite 125 befinden sich Motivvorschläge!

2 Das ausgeschnittene Motiv wird nun auf ein passendes Stück MDF-Holzplatte aufgeklebt. Dieses sollte etwas größer sein als das Stempelmotiv.

3 Für die Anhänger überträgst du nun die *Vorlage* von Seite 125 auf beliebig viele farbige Kartons, Pappen, alte Buch- oder Notenpapiere und schneidest diese aus.

2

5

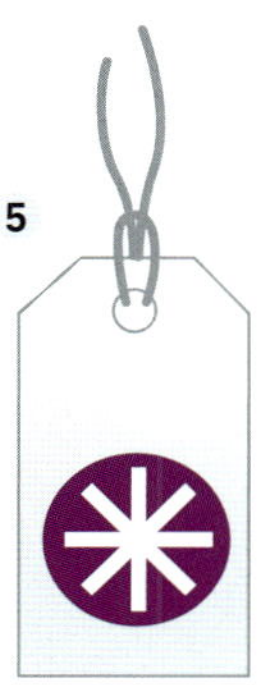

4 Die Anhänger werden nun mit den Stempelmotiven versehen.

TIPP Beim Verwenden von *Acrylbastelfarbe* wird eine kleine Menge Farbe mit einer Lackrolle auf einen geraden Untergrund (zum Beispiel einen Pappteller oder eine aufgeschnittene Milchtüte) aufgetragen.

5 Abschließend lochst du die Anhänger an markierter Stelle und fädelst unterschiedliche Schnüre und Kordeln durch.

TIPP Mit selbstklebenden Verstärkungsringen können die Anhänger noch veredelt werden.

MOTIVE & VORLAGEN

Auf den folgenden Seiten befinden sich alle Schnittmuster und Vorlagen, die wir in diesem Buch verwendet haben. Die meisten sind in Originalgröße dargestellt, einige müssen jedoch vergrößert werden. Die Vorlagen sollen als Anregung dienen, du kannst natürlich – je nach Fantasie und Vorlieben – auch eigene Schnitte erstellen bzw. unsere abwandeln.

Auf Seite 7 erklären wir detailliert, wie man mit Vorlagen verfährt.

Viel Spaß!

STIFTESTEIN
Seite 72 (100%)

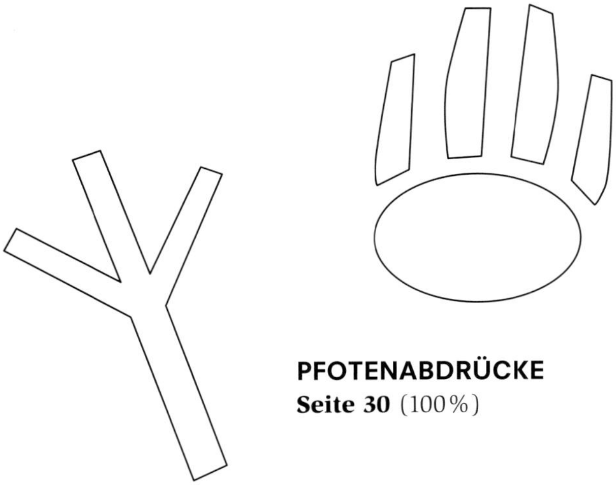

PFOTENABDRÜCKE
Seite 30 (100 %)

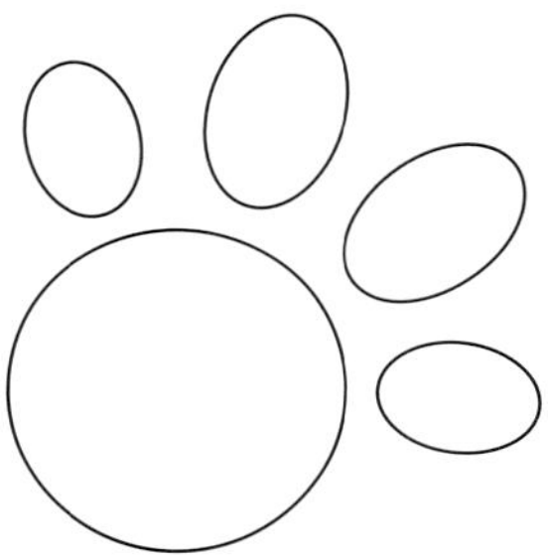

KOFFERANHÄNGER
Seite 52 (100 %)

BONUSKARTE
Seite 31 (100 %)

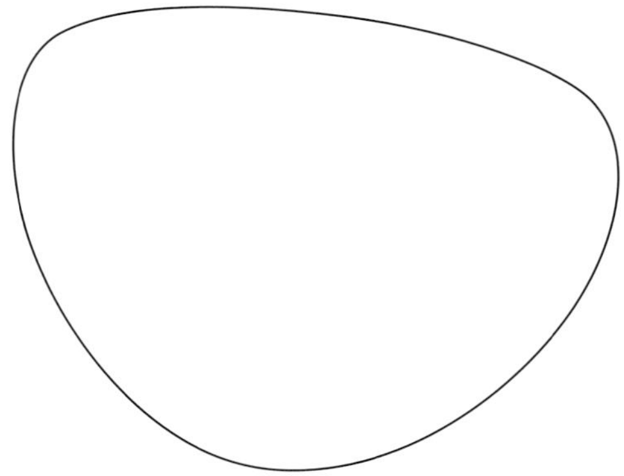

AUGENKLAPPE
Seite 39 (100 %)

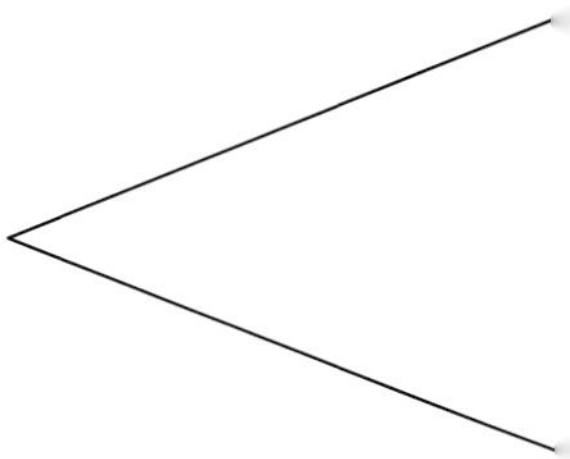

NAMENSSCHIFFCHEN
Seite 36 (100 %)

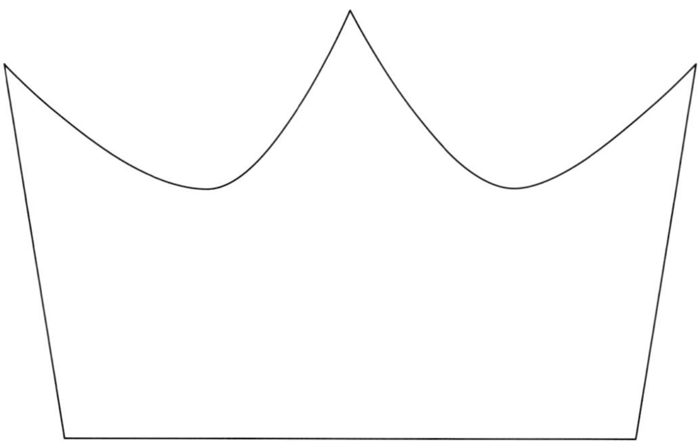

NAMENSSCHILDER
Seite 43 (100 %)

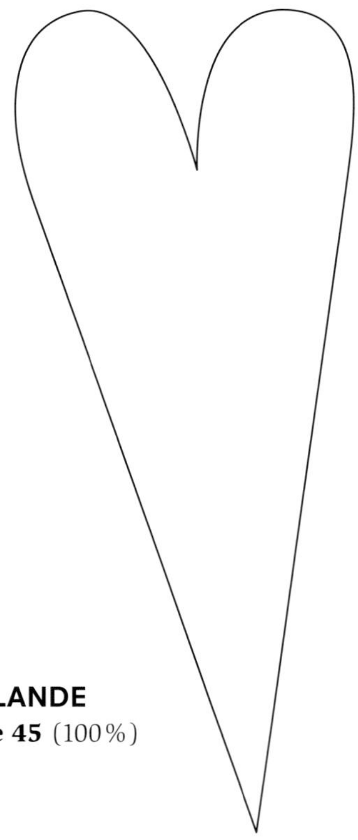

GIRLANDE
Seite 45 (100 %)

PIRATENWIMPEL
Seite 36 (100%)

GIRLANDE
Seite 45 (100%)

KUSCHELDECKE
Seite 54 (100 %)

TAFELN

Seite 76 (70% | DIN A4 > DIN A3)

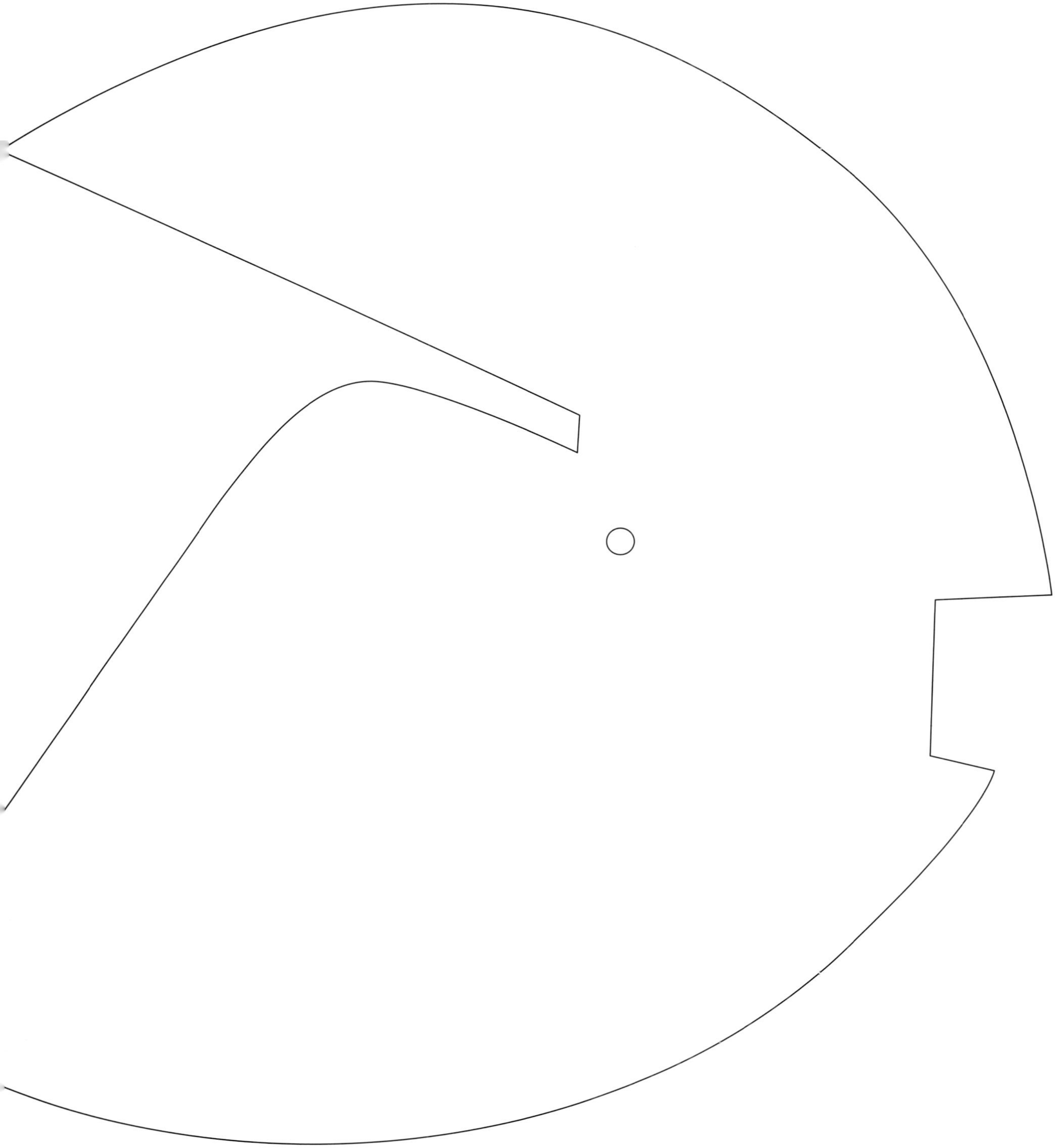

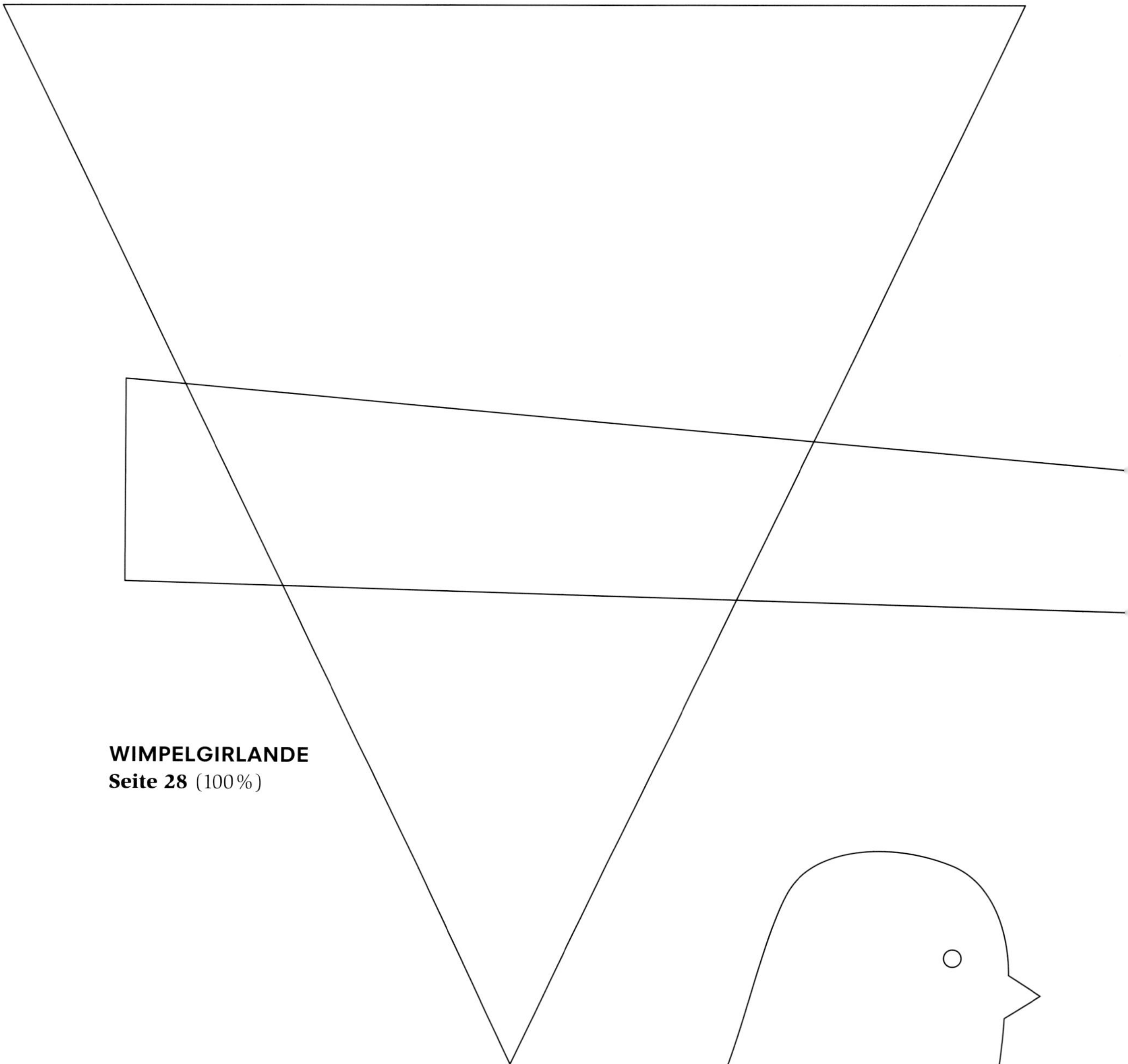

WIMPELGIRLANDE
Seite 28 (100 %)

FENSTERDEKO
Seite 88 (100 %)

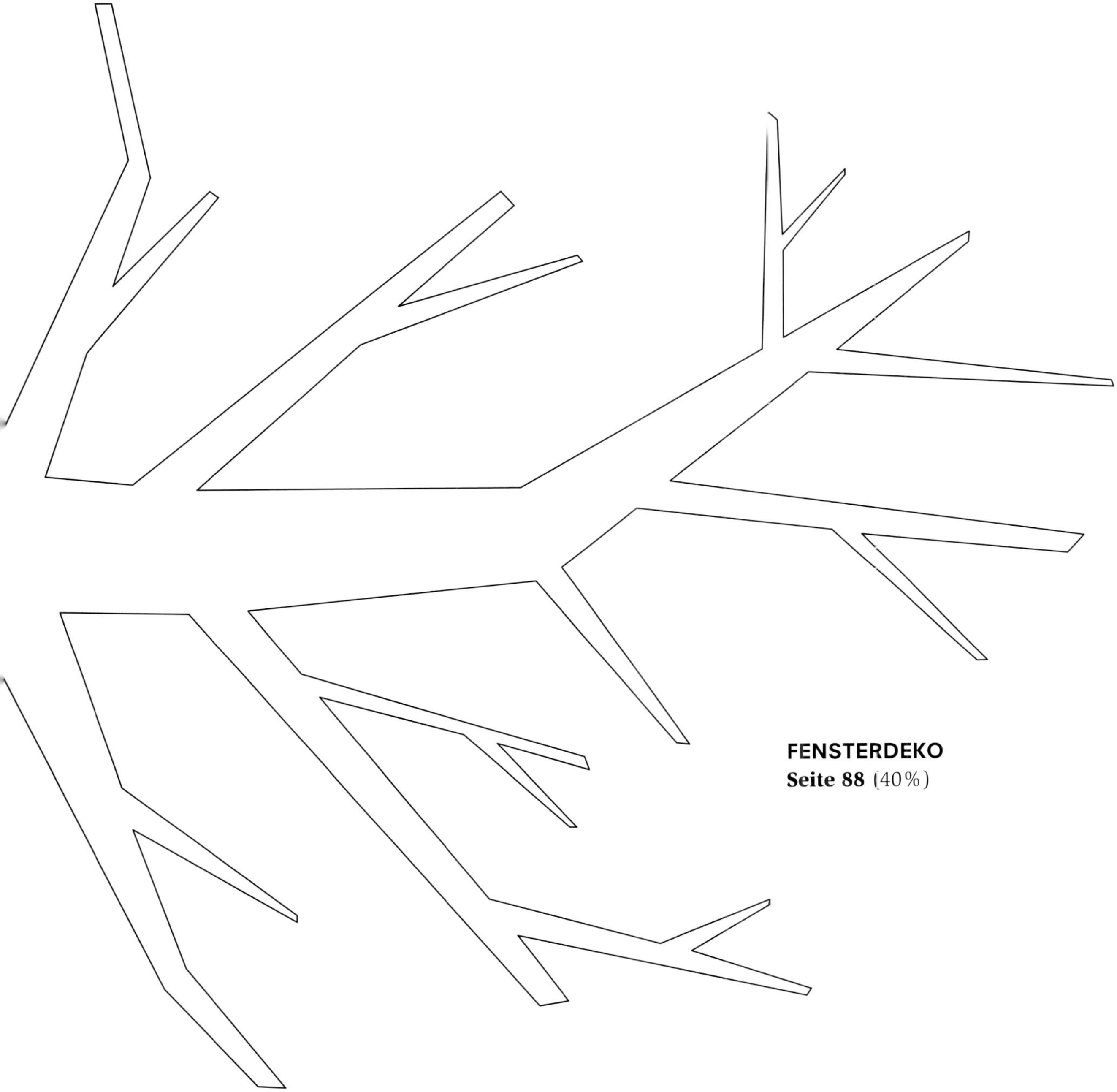

FENSTERDEKO
Seite 88 (40%)

FUSSBALLER-SCHULTÜTE
Seite 66 (100 %)

WINDSTOPPER
Seite 90 (100 %)

MUFF
Seite 94 (100 %)

PLÄTZCHENVERPACKUNG
Seite 106 (DIN A4 > DIN A3)

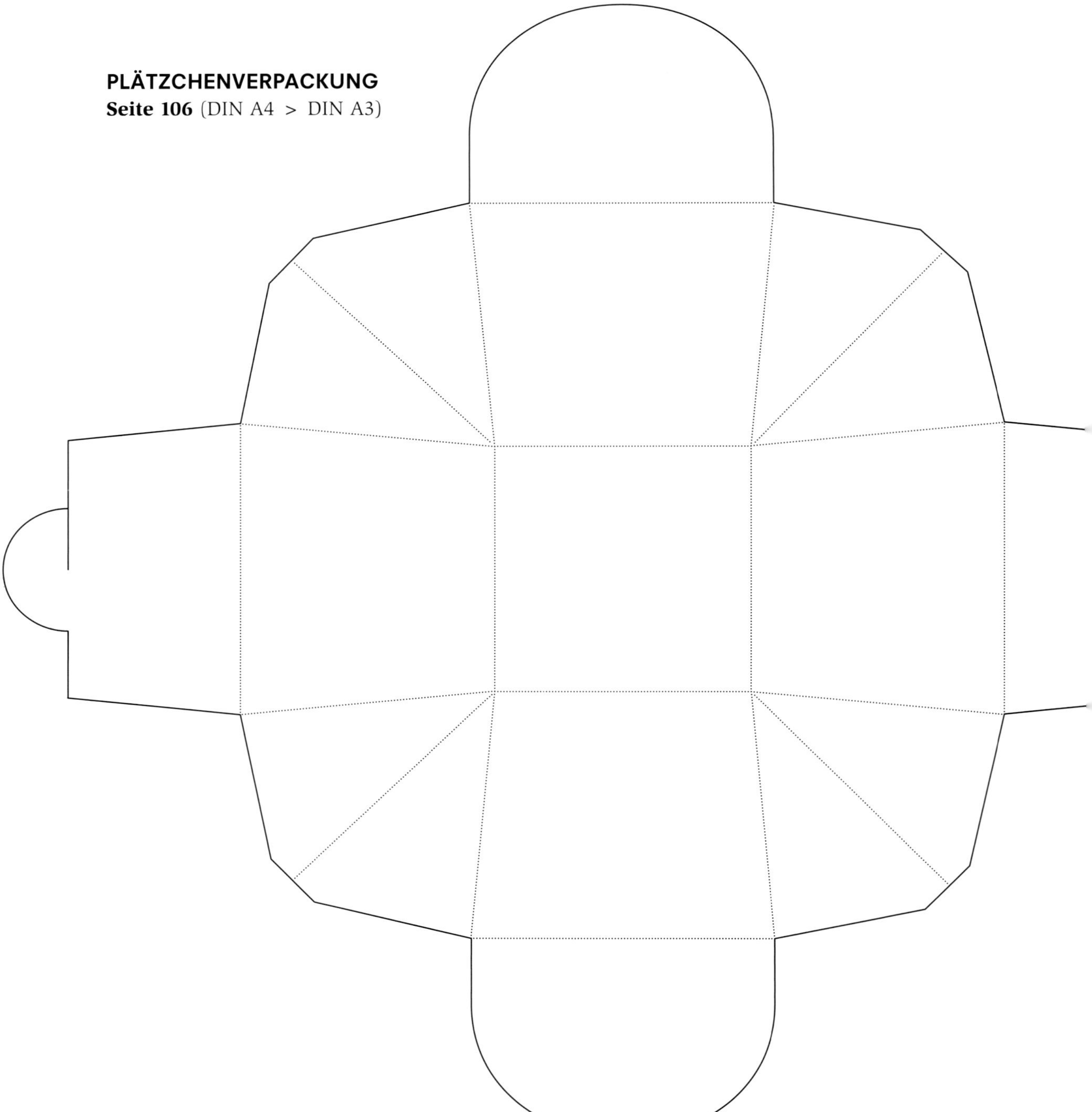

GESCHENKANHÄNGER

Seite 110 (100 %)

GESCHENKPAPIER

Seite 108 (100 %)

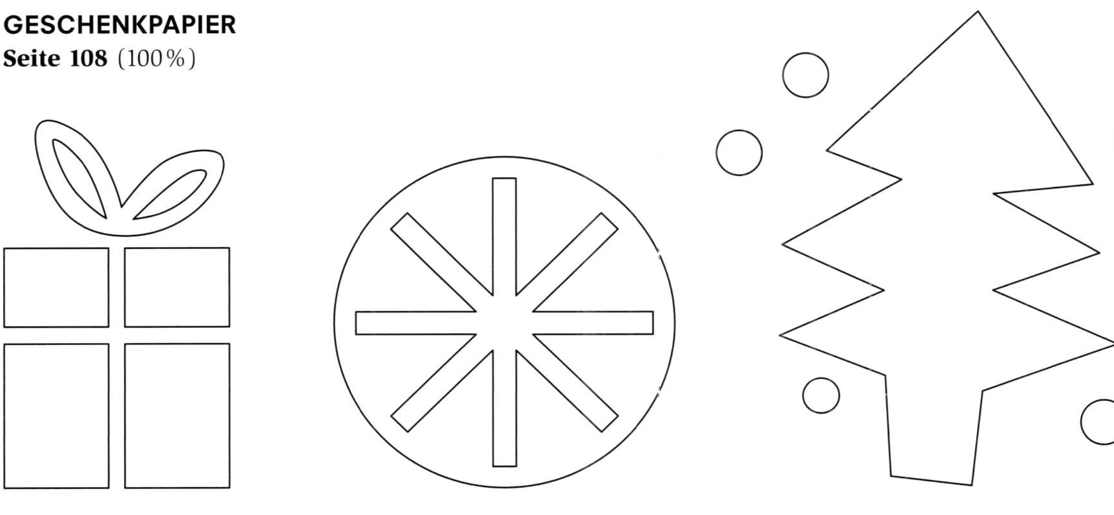

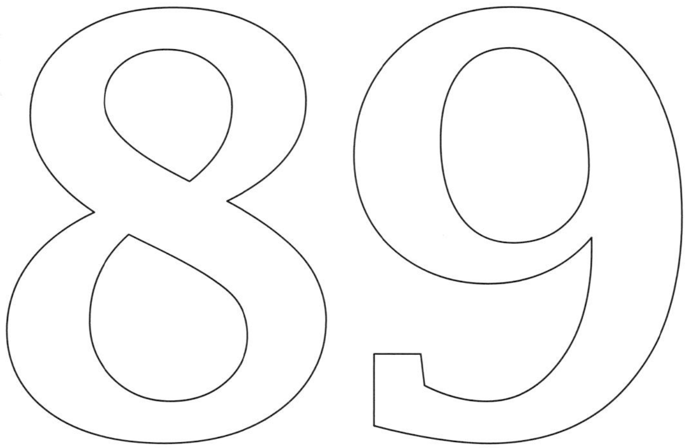

ADVENTSKALENDER
Seite 100 (100 %)

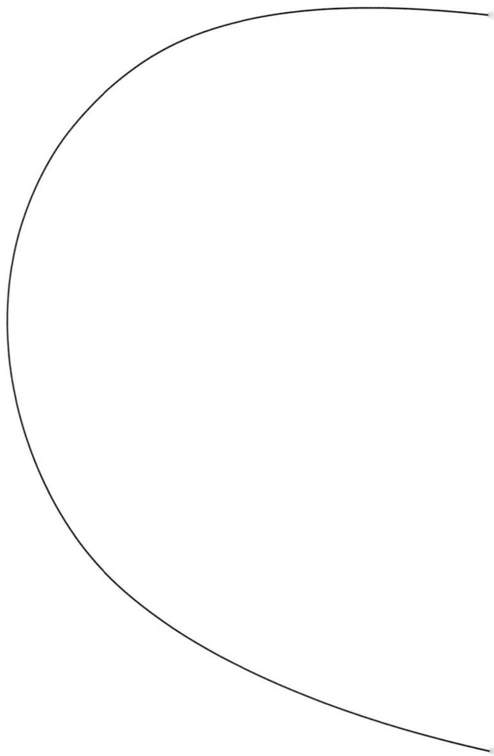

NACKENKISSEN
Seite 58 (100 %)

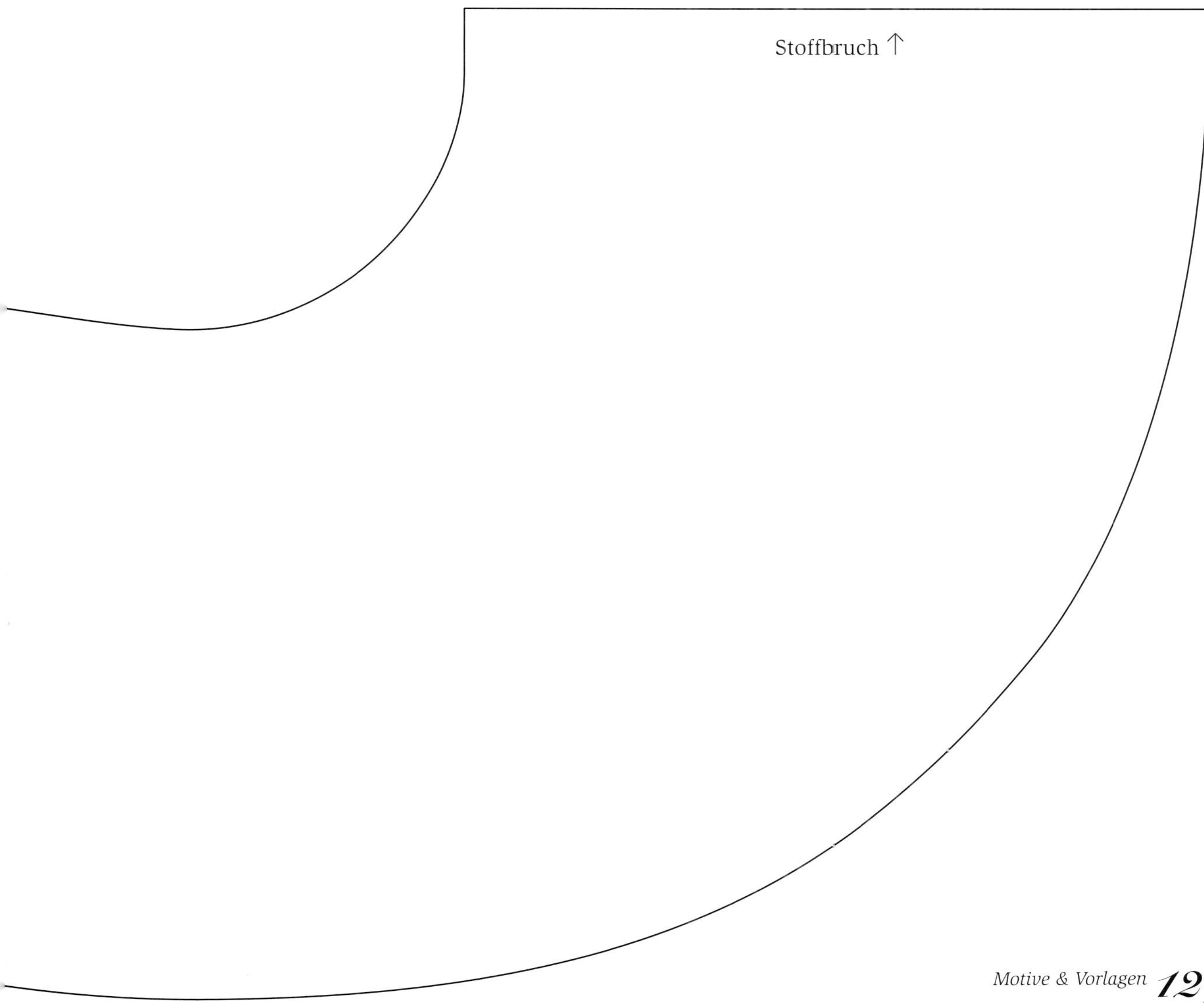
Stoffbruch ↑

IMPRESSUM

Projekte: Elfrun Otterbach und Laura Holdack, D-Berlin
Gestaltung: Laura Holdack, D-Berlin
Fotografien: Anne Deppe, D-Berlin
Anleitungs-Illustrationen & Icons: Laura Holdack, D-Berlin
Figuren-Illustrationen: Elfrun Otterbach, D-Berlin

Lektorat: Heidi Müller, CH-Bern

1. Auflage 2011

Bibliografische Information der Deutschen Nationalbibliothek:
Die Deutsche Nationalbibliothek verzeichnet diese Publikation in der Deutschen Nationalbibliografie; detaillierte bibliografische Daten sind im Internet über http://dnb.d-nb.de abrufbar.
ISBN: 978-3-258-60028-4

Danke!

An unsere wunderbaren Töchter Olga, Selma und Tilda für die Inspiration und Mithilfe! An Anne für die wunderschönen Fotos! An Nele für die richtigen Worte! An Anna Trautmann für die Maltasche! An Carla für den tollen Kuchen! An Martin fürs Immer-zu-mir-Halten!